CORNELSEN STUDIEN-BAUSTEIN WIRTSCHAFT

Gerd Uhe
Strategisches Marketing
Vom Ziel zur Strategie

Die Deutsche Bibliothek – CIP-Einheitsaufnahme

Ein Titeldatensatz für diese Publikation ist
bei Der Deutschen Bibliothek erhältlich

Die in diesem Buch Erwähnung findenden Markennamen, Soft- und Hardwarebezeichnungen sind im Allgemeinen durch die Bestimmungen des gewerblichen Rechtsschutzes geschützt. Die Beispiele sind alle frei erfunden, Überzeichnungen erfolgen ausschließlich aus didaktischen Gründen.

Hinweise zu den Links auf Internetseiten in diesem Buch:
Mit Urteil vom 12. Mai 1998 – 312 OO 85/98 – „Haftung für Links" hat das Landgericht (LG) Hamburg entschieden, dass man durch die Erstellung eines Links die Inhalte der gelinkten Seite ggf. mit zu verantworten hat. Dies kann – so das Gericht – nur dadurch verhindert werden, dass man sich ausdrücklich von diesen Inhalten distanziert.
Daher distanzieren wir uns hiermit vorsorglich von den Inhalten aller verlagsfremden Internetseiten, zu denen die in diesem Buch genannten Links führen.
Die im Buch angegebenen Internetadressen entsprechen dem Stand bei Drucklegung. Da das Internet sehr schnelllebig ist, kann es sein, dass einige der angegebenen Adressen nicht mehr gültig sind. Wir können auch nicht ausschließen, dass unter einer solchen Adresse inzwischen ein ganz anderer Inhalt angeboten wird.

Verlagsredaktion: Annette Regel
Technische Umsetzung: Type Art, Grevenbroich
Umschlaggestaltung: Bauer + Möhring grafikdesign, Berlin

 http://www.cornelsen.de

1. Auflage   Druck 4 3 2 1   Jahr 05 04 03 02

© 2002 Cornelsen Verlag, Berlin
Das Werk und seine Teile sind urheberrechtlich geschützt.
Jede Verwertung in anderen als den gesetzlich zugelassenen Fällen
bedarf deshalb der vorherigen schriftlichen Einwilligung des Verlages.

Druck: Lengericher Handelsdruckerei, Lengerich/Westfalen

ISBN 3-464-49503-5

Bestellnummer 495035

 Gedruckt auf säurefreiem Papier,
umweltschonend hergestellt aus chlorfrei gebleichten Faserstoffen.

Inhaltsverzeichnis

1	**Orientierung am Kunden**	**7**
1.1	Kundenorientierung und Wettbewerbserschwernisse	8
1.2	Marketingaufgaben	13
2	**Marketingziele**	**15**
2.1	Ableitung der Marketingziele aus den Unternehmenszielen	16
2.2	Arten von Marketingzielen	17
2.2.1	Quantitative Marketingziele	17
2.2.2	Qualitative Marketingziele	18
2.3	Marketing-Leitbilder	22
2.4	Operationalisierung von Marketingzielen	23
2.5	Prüfungsaufgaben	26
3	**Grundlagen der Marketingstrategien**	**29**
3.1	Abgrenzung Ziel – Strategie – Taktik	30
3.2	Funktionen von Strategien	31
3.3	Aufgaben der Marketingstrategien	32
3.3.1	Unternehmerischer Grundauftrag	33
3.3.1.1	*Inhalte des unternehmerischen Grundauftrages*	*33*
3.3.1.2	*Anforderungen an einen unternehmerischen Grundauftrag*	*34*
3.3.2	Strategische Geschäftsfelder	35
3.3.3	Festlegung der Wettbewerbsausrichtung	37
3.4	Erarbeitung einer Strategie	38
3.4.1	Grundauftrag	38
3.4.2	Bewertung der Zukunftsaussichten	39
3.4.2.1	*Portfolio-Methode der Boston Consulting Group*	*39*
3.4.2.2	*SWOT-Analyse*	*43*
3.4.3	Zielformulierung	48
3.4.4	Strategieformulierung	48
3.4.5	Planung des Einsatzes der Marketinginstrumente	50
3.4.6	Durchführung	50

3.4.7	Kontrolle und Feed-back	51
3.5	PRÜFUNGSAUFGABEN	52
4	**ÜBERBLICK ÜBER MARKETINGSTRATEGIEN**	**55**
4.1	MARKTFELDSTRATEGIEN	57
4.1.1	Marktdurchdringung	57
4.1.2	Marktentwicklungsstrategie	60
4.1.3	Produktentwicklungsstrategie	62
4.1.4	Diversifikation	64
4.1.5	Kombinationen innerhalb der Marktfeldstrategien	66
4.1.6	Kritik an den Marktfeldstrategien	66
4.2	MARKTSTIMULATION	67
4.2.1	Präferenzstrategie	70
4.2.2	Preis-Mengen-Strategie	71
4.3	MARKTPARZELLIERUNG	73
4.3.1	Einteilung der Marktparzellierungsstrategien	73
4.3.2	Massenmarktstrategien	74
4.3.3	Marktsegmentierungsstrategien	74
4.4	MARKTAREALSTRATEGIEN	77
4.5	STRATEGIEKOMBINATIONEN	79
4.6	PRÜFUNGSAUFGABEN	82
5	**GRUNDLAGEN DER MARKTFORSCHUNG**	**87**
5.1	AUFGABEN UND ANFORDERUNGEN	89
5.2	INFORMATIONSQUELLEN	91
5.2.1	Interne/Externe Informationsbeschaffung	91
5.2.2	Primär-/Sekundärforschung	94
5.3	DATENERHEBUNG	97
5.3.1	Auswahlverfahren	97
5.3.2	Befragung	101
5.3.2.1	*Persönliche Befragung*	*101*
5.3.2.2	*Schriftliche Befragung*	*105*
5.3.2.3	*Telefonische Befragung*	*106*
5.3.2.4	*Computergestützte Befragung*	*107*
5.3.3	Gestaltung der Befragung	110

5.3.4	**Beobachtung**	112
5.3.4.1	*Laborbeobachtung*	113
5.3.4.2	*Feldbeobachtung*	113
5.3.5	**Experiment**	114
5.3.5.1	*Produkttest*	114
5.3.5.2	*Markttest (Testmarkt)*	115
5.3.6	**Panelforschung**	116
5.4	**DATENAUSWERTUNG**	118
5.4.1	**Daten- und Antwortarten**	119
5.4.2	**Häufigkeiten**	120
5.4.3	**Kreuztabellierung**	122
5.4.4	**Lageparameter von Verteilungen**	123
5.4.4.1	*Mittelwert*	123
5.4.4.2	*Median*	123
5.4.4.3	*Standardabweichung und Varianz*	124
5.4.5	**Multivariate Verfahren**	126
5.4.5.1	*Clusteranalyse*	126
5.4.5.2	*Conjoint Measurement*	127
5.5	**PRÜFUNGSAUFGABEN**	130

6	**ABLAUF VON MARKTFORSCHUNGSSTUDIEN**	**135**
6.1	**PROBLEMDEFINITION UND ZIELFESTLEGUNG**	136
6.2	**KONZEPTERSTELLUNG**	138
6.3	**DATENERHEBUNG**	140
6.4	**ANALYSE DER DATEN**	141
6.5	**ERGEBNISBERICHT UND PRÄSENTATION**	143
6.6	**UMSETZUNG DER ERGEBNISSE**	143
6.7	**PRÜFUNGSAUFGABE**	144

7	**SERVICETEIL**	**145**
	LÖSUNGEN ZU DEN PRÜFUNGSAUFGABEN	146
	LITERATURVERZEICHNIS	169
	ABKÜRZUNGSVERZEICHNIS	170
	TABELLEN UND ABBILDUNGEN	170
	STICHWORTVERZEICHNIS	172

1 ORIENTIERUNG AM KUNDEN

1.1	KUNDENORIENTIERUNG UND WETTBEWERBS-ERSCHWERNISSE	8
1.2	MARKETINGAUFGABEN	13

1.1 Kundenorientierung und Wettbewerbserschwernisse

Warum wollen Sie sich mit Fragen des Marketing beschäftigen?

Auch wenn es heute vielleicht nur die Vorbereitung auf eine lästige Klausur ist, liegt der eigentliche Grund darin, dass jedes Unternehmen, das keine echte Kundenorientierung betreibt, seinen eigentlichen Zweck verfehlt. Die Existenzberechtigung der Unternehmen liegt volkswirtschaftlich nicht darin, möglichst hohe Gewinne zu erzielen, sondern Produkte und Dienstleistungen anzubieten, die die Wünsche der Käufer befriedigen. Als angenehmer Nebeneffekt stellen sich dann i. d. R. auch die Gewinne ein. Als Angestellter ist es zudem ein sehr gutes Gefühl, für ein Unternehmen zu arbeiten, welches von seinen Kunden geschätzt wird.

Prinzip der Kundenorientierung

Will ein Unternehmen erfolgreich am Markt bestehen, muss es
- zuerst die Wünsche und Bedürfnisse der Nachfrager kennen lernen (**»listen to the market«**),
- beurteilen, inwieweit die Angebote der Konkurrenz diese Bedürfnisse erfüllen,
- alle Aktivitäten an den Bedürfnissen der Kunden ausrichten.

Geschieht das nicht, entscheidet sich der Kunde auf Grund der großen Wahlmöglichkeiten für einen anderen Anbieter. So muss z. B. die Forschungs- und Entwicklungsabteilung sich nicht auf technisch mögliche Produkte konzentrieren, sondern auf Produkte, die den Bedürfnissen der Kunden entsprechen; die Produktion muss nicht allein die kostengünstigste Produktion wählen, sondern die Produktionsweise, die den individuellen und zeitlichen Wünschen der Kunden am meisten entgegenkommt.

Die **Kernaufgaben** des Marketing sind daher:
1. die vollständige **Orientierung** des gesamten Unternehmens **an den Kunden**,
2. die **Schaffung von** möglichst dauerhaften **Wettbewerbsvorteilen**, um hierdurch die Unternehmensziele (Gewinne, Wachstum usw.) langfristig zu sichern.

Marketing versucht also nicht, Produkte zu verkaufen, sondern **Wünsche** oder Bedürfnisse von Kunden Gewinn bringend für das Unternehmen **zu erfüllen**. Dies pflanzt sich häufig auch in den entsprechenden Werbebotschaften fort. Beworben wird nicht das Produkt (z. B. Erdgas), sondern die für den Kunden relevante Bedürfnisbefriedigung – z. B. das Gefühl »wohliger, umweltfreundlicher Wärme«.

Das Wort **Marketing** ist eine der vielen Übertragungen von amerikanischen Begriffen in die deutsche Betriebswirtschaftslehre. Es könnte wörtlich übersetzt werden mit **»auf den Markt bringen – vermarkten«**. Grund für die Benutzung amerikanischer Begriffe ist gerade im Bereich des Marketing, dass die Forschung und Umsetzung in Betrieben in den USA viel eher als in Deutschland stattfand.

Dies liegt daran, dass sich ein **Käufermarkt** (d. h. die Nachfrage ist geringer als das Angebot) in den USA viel eher herausgebildet hat als in Deutschland. Auf Grund der Nachkriegszeit herrschte hier lange Zeit ein **Verkäufermarkt** (Nachfrage ist größer als das Angebot, alles was das Unternehmen herstellt, kann verkauft werden). Plastischer als die Begriffe Käufer- bzw. Verkäufermarkt sind evtl. die Ausdrücke »Knappheitswirtschaft« für den Verkäufermarkt und »Überflusswirtschaft« für den Käufermarkt.

Käufer- versus Verkäufermarkt

Kriterium	Verkäufermarkt	Käufermarkt
Wirtschaftliche Situation	Knappheit	Überfluss
Nachfrage – Angebotsverhältnis	Nachfrage > Angebot	Nachfrage < Angebot
Wichtigster Unternehmensbereich	Produktion, Beschaffung	Marketing, Qualitätsmanagement
Konzentration auf	Beste Produktions- und Beschaffungsbedingungen	Beste Marktposition, Optimierung des Marketing

Tab. 1.1: Verkäufer- versus Käufermarkt

Fast alle Unternehmen haben die Notwendigkeit einer »Marketingausrichtung« erkannt, leider aber nur zum Teil umgesetzt. Dabei ist die umfassende Umsetzung heute überlebensnotwendig. Grund dafür ist, dass die Überlebens- oder besser die Erfolgschancen heute erheblich schlechter sind als vor 10 bis 20 Jahren.

Die wesentlichen Faktoren, die den Wettbewerb erschweren, sind:

Wettbewerbserschwernisse

- Der Konkurrenzdruck, insbesondere durch die **Globalisierung der Märkte**, ist erheblich gewachsen. Während vor einigen Jahrzehnten noch diverse deutsche Motorradhersteller (z. B. BMW, Zündapp, Herkules) mit ihren Produkten in Deutschland präsent waren, wird dieser Markt heutzutage fast vollständig von ausländischen Herstellern geprägt. Das Gleiche gilt z. B. auch für die Hifi- und Fernsehgerätebranche. **Es gibt quasi keinen lokalen Markt mehr.** So werden sogar Krabben in der Nordsee gefangen, in die Türkei ge-

flogen, auf Grund der Lohnkostenunterschiede nachts dort »gepult« und am nächsten Morgen frisch in Hamburg verkauft.
- Die Absatzchancen sind konstant oder auf Grund von **Rezessionen** sogar rückläufig; ein weiterer Grund dafür ist z. B. die Bevölkerungsentwicklung in Deutschland.
- Die Käufer sind erheblich selbstbewusster, preissensibler und aufgeklärter geworden. Zu Recht spricht man heute eher vom **»aufgeklärten Verbraucher«**. Unterstützt wird dies durch verbesserte Informationstechniken und -möglichkeiten. Preisvergleiche via Internet und Online-Bestellung bei einem amerikanischen Unternehmen und Lieferung nach Deutschland innerhalb weniger Tage sind der Normalfall. Die Abschaffung des Rabattgesetzes in 2001 ist nur eine logische Konsequenz dieses Sachverhalts.
- Der **technische Wandel** auf allen Gebieten ist erheblich **schneller** geworden. Für die Unternehmen bedeutet dies, dass Wettbewerbsvorsprünge – z. B. auf Grund von Erfindungen nur noch kurzfristig nutzbar sind, bis sie von der Konkurrenz imitiert oder sogar verbessert werden. Konkret bedeutet das: Investitionen in Forschung und Entwicklung müssen sich schneller amortisieren als früher.
- Durch die Informations- und Robotertechnologie ist eine kundenorientierte Fertigung auch wirtschaftlich möglich. **Losgrößen von 1 Stück** sind heute keine Seltenheit mehr. Automatisierung und Technisierung bei der Produktion haben dazu geführt, dass kaum noch zusätzliche Kosten entstehen, wenn ein Pkw mit Halogenscheinwerfern produziert wird und dahinter einer mit integrierten Nebelscheinwerfern. Diese Möglichkeiten werden im Marketing weiter genutzt, indem sich das gesamte Unternehmensgeschehen auf die individuellen Kundenwünsche konzentriert. Unternehmen, die weiterhin nur auf Massenproduktion und -vertrieb setzen, haben schlechtere Marktchancen.
- Eine wichtige Herausforderung liegt zunehmend darin, die Bedürfnisse der einzelnen Kunden rentabel zu befriedigen und zugleich die Lebensqualität für die gesamte Gesellschaft zu erhalten oder wieder zu verbessern (steigende **Umweltproblematik und -verantwortung**). Immer mehr Käufer machen die umweltschonende Produktion und Vermarktung (z. B. Anzeigen auf ungebleichtem, chlorfreiem Recyclingpapier) zu einem Kauffaktor. Oder der Käufer entscheidet sich danach, inwieweit das Unternehmen sich sozialen und ethischen Grundsätzen verpflichtet fühlt (Ablehnung von rigorosem Arbeitsplatzabbau, unseriösen Verkaufspraktiken, der Gentechnologie ohne Achtung ethischer Grundsätze usw.).

Aus dieser Aufzählung der gegenwärtigen und zukünftigen Herausforderungen wird deutlich, dass das Bestehen im Wettbewerb ohne die Orientierung am Kunden und an gesamtgesellschaftlichen Zielen sehr schwer sein wird. **Der Erfolg wird den Unternehmen gehören, die am meisten über die Wünsche der Kunden wissen** und die in der Lage sind, die Produkte oder Dienstleistungen rentabel zu produzieren und zu vertreiben, die ihren Kunden den größten Nutzen bringen.

Marketing durchzieht heute alle Branchen und ist heutzutage auch aus der Industriegüterindustrie nicht mehr wegzudenken. Sogar in öffentlichen Verwaltungen oder gemeinnützigen Institutionen macht sich das Schlagwort vom Kunden an Stelle des Antragstellers langsam breit (das sog. Social Marketing).

Social Marketing

Marketing geht weiter als der deutschsprachige Begriff des Absatzes. Der Absatz (innerhalb der betrieblichen Hauptfunktionen: Finanzierung/Beschaffung/Fertigung/Absatz) beschränkt seinen Aufgabenbereich ausschließlich auf den Verkauf der Produkte.

Marketing ist die umfassende Ausrichtung des Unternehmens auf die Bedürfnisse der Kunden, angefangen von einer globalen Leitidee (Vision) über eine konkrete Zielfestsetzung bis zur Umsetzung in konkrete Einzelmaßnahmen (für das Marketinginstrumentarium, aber auch für andere Unternehmenseinheiten) unter Berücksichtigung der tatsächlichen Bedingungen und Möglichkeiten des Unternehmens.

Anders ausgedrückt: Marketing ist die **profitable Befriedigung von Wünschen der Kunden**.

Die 3 Einheiten
- Ziele,
- Strategie,
- Instrumente des Marketing Mix

sollten in einem umfassenden Plan (policy paper) verbindlich und schriftlich von der Unternehmensleitung festgelegt werden. Dieser Plan hat dann für alle Abteilungen eine koordinierende und verbindliche Funktion und gilt als Handlungsanweisung.

Dieser Logik folgt auch die Gliederung der beiden Bücher zu diesem Thema: Dieser Band beschäftigt sich mit der **Zielbildung**, der strategischen Ausrichtung des Unternehmens und der Marketingplanung. Nach Analyse der Marketing- und Absatzziele werden Sie sich ausführlich mit den Grundfragen der Entwicklung von **Marketingstrategien** auseinander setzen Danach werden Sie die wichtigsten Marke-

Vorgehensweise

tingstrategien kennen lernen. Grundanforderung an eine rationale Strategie ist, dass man weiß,
- wie der Markt beschaffen ist,
- wer die Kunden sind und
- was diese für Bedürfnisse haben.

Das notwendige Instrument zur Beantwortung dieser Frage ist die **Marktforschung**.

Der andere Band beschäftigt sich mit der Umsetzung der Marketingstrategie, dem sog. **operativen und taktischen Marketing**. Ausgehend von der langfristigen »Marschrichtung« (Strategie) muss die kurzfristige »Tagesetappe« (das operative Marketing) festgelegt werden. Die Analyse der Marktchancen zeigt, wie sich die Kunden und die Konkurrenz (die sog. Umwelt) verhalten. Die Kenntnis hierüber ist Grundvoraussetzung für einen erfolgreichen Einsatz der Marketinginstrumente.

Die operative, meist einjährige Marketingplanung beschreibt alle einzelnen Instrumente des Marketing ausführlich und zeigt insbesondere die Wechselwirkung dieser Instrumente zueinander auf (z. B. ergänzen sich Werbung und Anzahl der Verkaufsstellen).

Die Krönung der Kundenbindung ist dann erreicht, wenn der Kunde das Produkt nicht nur immer wieder kauft, sondern es sogar noch weiterempfiehlt. In diesem Fall wird vom **begeisterten Kunden** gesprochen. Hierfür ist die Kundenzufriedenheit ein absolutes Muss. Ich hoffe, dass diese Maxime ihr Studium und ihr Erwerbsleben begleiten wird.

Lernziele

Lernziele dieses Buches:
- Sie sollten begründen können, warum eine Kundenausrichtung alle Unternehmensbereiche betrifft und nicht nur die Werbeabteilung und den Vertrieb.
- Sie sollten die Marketingziele in die gesamte Palette der Unternehmensziele einordnen können bzw. aus den Unternehmenszielen ableiten können.
- Sie sollten die wesentlichen Grundaufgaben eines Unternehmens beschreiben und analysieren können.
- Sie sollten Ziele selbst definieren können und dabei die Anforderungen an eine Zieldefinition berücksichtigen.
- Sie sollten für Unternehmen Erfolg versprechende Marketingstrategien entwickeln können.
- Sie sollten die wichtigsten Marktforschungsmethoden zur Beurteilung von Käuferverhalten, Positionierung von Produkten, Reaktionen auf Preisänderungen anwenden können.

Durch die Feststellung, dass es sich auf den meisten Märkten um einen Käufermarkt handelt, wird deutlich, dass die Kunden den Engpassfaktor für das Unternehmenswachstum darstellen. Die Kunden bestimmen was, bei wem und wo sie kaufen! Orientiert man sich am Engpassdenken, d. h. konzentriert man die unternehmerischen Aktivitäten auf den Engpassfaktor, muss Kundenorientierung und damit das Marketing die Ausrichtung aller Unternehmensentscheidungen sein. **Hieraus wird auch deutlich, dass Marketinggrundsätze nicht allein der Marketingabteilung überlassen werden dürfen.** Der hieraus abgeleitete Dominanzanspruch des Marketing ist allerdings nur so zu verstehen, dass kundenorientiertes Handeln alle Untermensbereiche betreffen muss und nicht, dass der Marketing- und Vertriebsbereich die dominierende Abteilung sein muss (vgl. Meffert 2000, S. 4). Der Marketingbereich ist eine gleichberechtigte Unternehmensfunktion, wie z. B. das Controlling oder die Produktion. Hieraus ergibt sich das duale Konzept des Marketing.

Kunden sind der Engpassfaktor Nr. 1

Abb. 1.1: Kundenorientierter Unternehmensaufbau

1.2 MARKETINGAUFGABEN

Marketing wird sehr vielschichtig definiert und interpretiert. Sinnvollerweise sollten die Marketingaufgaben wie folgt aufgeteilt werden:
1. Marketing als Leitbild für die Unternehmensphilosophie.
2. Marketing als Funktion/Abteilung.
3. Marketing als Vorgehensmethode.

Zu 1: In der Leitbildfunktion soll Marketing in alle Unternehmensbereiche hinein wirken, es geht um die Kundenorientierung bei allen Abläufen. Daher wird beim Total Quality Management auch der Begriff vom **internen Kunden** geprägt, der zufrieden zu stellen ist.

Diese Leitbildaufgabe obliegt der Geschäftsführung. Erfüllt die Geschäftsführung diese Aufgabe nicht, kann dieser Mangel auch nicht

Leitbildfunktion

durch eine gut funktionierende Marketingabteilung aufgefangen werden, da es dann an einem über alle Abteilungen und Bereiche abgestimmten Verhalten fehlt.

Marketingabteilung

Zu 2: Die Marketingabteilung hat die Aufgabe, die Wünsche der aktuellen und potenziellen Kunden zu erfassen und besser zu befriedigen, als es die Konkurrenten tun. Das Unternehmen soll motiviert werden, die **richtigen** Dinge zu tun (**Effektivität:** Do the **right things**). Zusätzlich soll es auch bestrebt sein, diese Wünsche zu beeinflussen, damit die Kunden die Waren bei der eigenen Firma kaufen.

Die Aufgaben der Marketingabteilung haben also 2 grundlegende Ausrichtungen:
- **»Listen to the market«** (Analyse aller Kundenwünsche und Konkurrenzaktivitäten)
- **»Get the market listen to you«** (Beeinflussung der Kundenwünsche)

Der zweite Aspekt fällt allerdings großen Unternehmen erheblich leichter als kleinen, denn sie haben die notwendigen finanziellen Mittel, um Kundenwünsche aktiv zu beeinflussen.

Marketingmethoden

Zu 3: Die Marketingmethoden helfen der Marketingabteilung dabei, effizient vorzugehen, also z. B. die richtige Marktforschungsmethode anzuwenden, den besten Kommunikationsweg zu suchen, den kostengünstigsten Vertriebsweg auszuwählen usw. Hier sind die Ziele vorgegeben, es geht darum, die Marketinginstrumente so gut wie möglich einzusetzen. Daher beschäftigt sich der zweite Band mit dem zielgerichteten Einsatz des Marketing-Mix. Hier geht es um die Effizienz, die Dinge **richtig** zu tun (**Effizienz:** Do the **things right**).

VERSTÄNDNISFRAGEN

1. Was sind die Unterschiede zwischen einem Käufer- und einem Verkäufermarkt?
2. Welche Kernaufgaben hat das Marketing?
3. Nennen Sie einige Wettbewerbserschwernisse für den deutschen Markt.
4. Definieren Sie den Begriff »Marketing«.
5. Soll die Marketingabteilung alle anderen Unternehmensabteilungen beherrschen?
6. Was ist der Unterschied zwischen Effektivität und Effizienz?
7. Besteht Ihrer Meinung nach ein Widerspruch zwischen den Aufgaben »Listen to the market« und »Make the market listen to you«?

2 MARKETINGZIELE

2.1	ABLEITUNG DER MARKETINGZIELE AUS DEN UNTERNEHMENSZIELEN	16
2.2	ARTEN VON MARKETINGZIELEN	17
2.2.1	Quantitative Marketingziele	17
2.2.2	Qualitative Marketingziele	18
2.3	MARKETING-LEITBILDER	22
2.4	OPERATIONALISIERUNG VON MARKETINGZIELEN	23
2.5	PRÜFUNGSAUFGABEN	26

2.1 ABLEITUNG DER MARKETINGZIELE AUS DEN UNTERNEHMENSZIELEN

In der Literatur werden häufig vor der Behandlung der Marketingziele die Marketingstrategien erörtert. Hier hingegen werden zunächst die Marketingziele behandelt, da dies eher der betrieblichen Praxis entspricht. So ist es durchaus üblich, dass zuerst die Unternehmensziele und darauf aufbauend die passenden Strategien festgelegt werden. Dies gilt natürlich nur bei langfristigen Unternehmenszielen, da kurzfristig keine Strategien geändert werden können.

Logischerweise beginnen die Ausführungen zu den Marketingzielen mit den Beziehungen der Marketingziele zu den Unternehmenszielen.

 Marketingziele müssen – wie alle anderen Bereichsziele – die Unternehmensziele unterstützen und mit den anderen Bereichszielen abgestimmt sein.

Die Marketingziele bilden als Bereichsziele die vierte Stufe der Zielpyramide von Unternehmen:

Abb. 2.1: Zielpyramide für ein Unternehmen

Die Marketingziele sollten nur die Ziele umfassen, die auch mit den Mitteln der Marketinginstrumente (Preis, Werbung usw.) wesentlich beeinflusst werden können. Klar ist aber auch, dass die Erreichung der Marketingziele nicht ausschließlich vom Marketinginstrumentarium abhängt (z. B. hat die Qualität der eingekauften Rohstoffe Einfluss auf die Qualität des Endproduktes und damit auf das Marketingziel »Absatzmenge«). Daher ist die **Zusammenarbeit der Marketingverantwortlichen mit allen anderen Unternehmensbereichen sehr wichtig**.

Je kooperativer die Zusammenarbeit ist, umso viel versprechender ist das Ergebnis

Das Ergebnis der Zusammenarbeit ist umso viel versprechender, je kooperativer die Zusammenarbeit ist und je mehr die anderen Bereichsleiter über die Wirkung ihrer Entscheidungen Bescheid wissen (Rohstoffauswahl nicht nur nach technischen Gesichtspunkten, sondern auch nach den Vorstellungen der Kunden).

Von den Marketingzielen abzugrenzen ist die Grundausrichtung der Kundenorientierung, die tendenziell für alle Unternehmensbereiche gilt. Diese Grundausrichtung ist als Element der »Basic beliefs« anzusehen (Unternehmensphilosophie) und kein eigentliches Marketingziel (vgl. Kap. 3.3.1).

2.2 ARTEN VON MARKETINGZIELEN

Die Marketingziele werden in
- quantitative (sog. ökonomische) und
- qualitative

Ziele unterteilt. Statt von »qualitativen« wird häufig auch »vorökonomischen« oder »marktpsychologischen« Zielen gesprochen.

2.2.1 Quantitative Marketingziele

Das typischste Beispiel für ein ökonomisches Marketingziel ist der Deckungsbeitrag (DB). Er ist der Beitrag eines Produktes zur Deckung der fixen Kosten des Unternehmens. Dieser ist in zwei Einflussfaktoren teilbar:

1. Umsatz (U), als Produkt aus Absatzmenge (x) und Verkaufspreis (p)
2. variable Kosten (gesamte variable Kosten K_v) bzw. die variablen Kosten pro Stück (variable Stückkosten k_v).

Deckungsbeitrag

$$DB = U - K_v$$
$$DB = p \cdot x - k_v \cdot x$$
$$DB = x \cdot (p - k_v)$$

Variable Kosten sind die Kosten, die direkt von der produzierten Menge abhängen. So wären in einem Automobilwerk die Kosten für Reifen, Lacke, Stahl usw. variable Kosten. Die Kosten für Fabrikgebäude, Zinsen usw. sind typischerweise fixe Kosten. In der Praxis und in der Literatur werden oft heftige Streitigkeiten geführt, was konkret für den Einzelfall variable und was fixe Kosten sind. Diese Diskussion wird hier vernachlässigt.

Variable Kosten

Fixe Kosten

Das **Marketing kann** folgende Bestandteile des Deckungsbeitrages (DB) mit Hilfe seiner Instrumente **beeinflussen**:
- **Absatzmenge** (x),
- **Verkaufspreis** (p),
- einen **Teil der variablen Kosten** (k_v), und zwar den Teil, der durch die Marketinginstrumente beeinflusst wird (z. B. Werbeausgaben, Rabatte beim Verkaufspreis etc.).

Bei mehreren Produkten ergibt sich der Deckungsbeitrag natürlich aus den Einzelsummen aus Preisen, Mengen und variablen Kosten (p_i, x_i, k_{vi}). Daher sind diese drei Komponenten auch die wichtigsten ökonomischen Marketingziele.

Ökonomische Marketingziele

 Unter ökonomischen Marketingzielen versteht man alle Zielgrößen, die den Gewinn direkt und in Geldeinheiten ausgedrückt bestimmen und die durch die Marketinginstrumente wesentlich beeinflussbar sind.

Das **bedeutendste ökonomische Marketingziel** ist zumeist der **Deckungsbeitrag** mit den drei Unterelementen
- Absatzmenge,
- Verkaufspreis und
- gesamte variable Marketingkosten.

Diese Marketingziele beeinflussen in hohem Maße den Unternehmensgewinn, da er sehr stark vom Umsatz abhängt.

2.2.2 Qualitative Marketingziele

Die **qualitativen Marketingziele haben** im Gegensatz zu den ökonomischen Marketingzielen **keinen direkten Einfluss auf die den Gewinn bestimmenden Größen**, sondern haben hierfür nur Mittelcharakter. Es handelt sich also um Unterziele, die z. B. die Absatzmenge nur indirekt beeinflussen.

Qualitative Marketingziele = Nährboden für die Kaufentscheidung

Die qualitativen Marketingziele bilden quasi den Nährboden für die Kaufentscheidung und für die Realisierung dieser Kaufabsicht, z. B. durch die Schaffung von genügend Verkaufsstellen. Sie setzen an den geistigen Verarbeitungsprozessen der Käufer vor dem eigentlichen Kauf an.

Man versucht, die Einzelschritte vor dem Kauf zu analysieren und hieraus konkrete Unterziele für den Marketingbereich abzuleiten. Diese Ziele sind letztendlich auf **Verhaltensänderungen oder -bestätigungen** der Nachfrager gerichtet (z. B. Kauf der eigenen Produkte an Stelle der der Konkurrenz). Nur wenn man diese geistigen Verarbeitungsprozesse kennt, kann man diese auch beeinflussen. **Diese Beeinflussungsabsicht ist keineswegs unmoralisch, solange man sich moralisch einwandfreier Instrumente bedient.**

Bedürfnisse versus Wünsche

Das Marketing oder der Marketingmanager kann keine Bedürfnisse schaffen, denn dies sind die (evtl. im Verborgenen) vorhandenen Urwünsche jedes einzelnen Menschen (z. B. Anerkennung). Er versucht aber die Wünsche, die aus den Bedürfnissen entstehen (z. B. Kauf eines Hauses oder eines Sportcabrios, um Anerkennung zu erzielen), zu beeinflussen. Der erfolgreiche Marketingmanager wird sich bemühen, den Kunden zu überzeugen, dass gerade seine Produkte in besonderer Weise geeignet sind, um das Bedürfnis nach Anerkennung zu befriedigen. Zur Verdeutlichung die wesentliche Unterscheidung zwischen Bedürfnis und Wunsch:

- Bedürfnis = immer vorhanden, im Menschen angelegt
  (z. B. Wärme, Essen, Anerkennung)
- Wunsch = von Unternehmen, Wettbewerbern, sozialen Gruppen usw. beeinflussbar (Gasheizung, 4-Gänge-Starmenü, Rolex-Uhr)

Abb. 2.2: Wirkungskette beim Kauf

Typische qualitative Marketingziele sind:
1. Kundenzufriedenheit
2. Bekanntheitsgrad
3. Image
4. Kundenloyalität (Kundenbindung oder Wiederkaufrate)
5. Distributionsdichte
6. Einkaufsstättentreue (Kunde kauft immer im gleichen Geschäft)
7. Kaufhäufigkeit (Anzahl der Kaufakte eines Käufers in einer festgelegten Periode)
8. Marktanteile
9. Preissegment

Qualitative Marketingziele

Die **Kundenzufriedenheit** ist das wichtigste qualitative Ziel, leider fehlt es aber als explizites Ziel in vielen Unternehmen. Grund hierfür ist,

Kundenzufriedenheit dass diese nach Meinung vieler Praktiker zu ungenau zu ermitteln ist und zu stark von Einzelurteilen abhängt. Dies muss aber nicht sein; die Kundenzufriedenheit lässt sich z. B. gut ermitteln durch
- systematische Befragungen,
- Vergleiche mit anderen Branchen im »Kundenbarometer« (dies ist eine repräsentative, neutrale Studie über die wichtigsten Branchen http://www.servicebarometer.de/kundenmonitor/index.html oder http://www.swics.ch/deutsch/links/links.htm),
- »Mystery shopping«, das sind anonyme Testkäufe, bei denen z. B. die Beratungsqualität und Freundlichkeit ermittelt werden können,
- die Analyse anderer Quellen wie z. B. die Ergebnisse der Stiftung Warentest http://stiftung-warentest.de.

Beim **Bekanntheitsgrad** unterscheidet man zwischen **gestützter und ungestützter Bekanntheit** (»Aided« oder »Unaided awareness«).

Bekanntheitsgrad
- Ungestützt ist ein Bekanntheitsgrad (z. B. von Unternehmen), wenn der Befragte ein Unternehmen spontan, ohne Hilfen nennt (z. B. auf die Frage: »Welche Versicherungsgesellschaften kennen Sie?«);
- gestützte Bekanntheit liegt vor, wenn der Befragte dieses Unternehmen z. B. auf einer Liste mit vielen Versicherungsgesellschaften als bekannt ankreuzt.

Top of mind Neben diesen beiden Kriterien gibt es noch das Kriterium »Top of mind«; dies liegt dann vor, wenn sich ein Unternehmen unter den ersten 3 spontanen Nennungen befindet. Die Bekanntheit ist ein wichtiger Vorläufer für die Kaufabsicht, denn man wird ein Unternehmen nur dann in die aktive Kaufauswahl einbeziehen, wenn man es überhaupt kennt. Image und Bekanntheitsgrad sollten sich möglichst ergänzen. Allerdings ist ein hoher Bekanntheitsgrad einem schlechten Image nicht zuträglich.

Das **Imageziel** wird meistens dahingehend präzisiert, dass man das Produkt oder das Unternehmen als eine Persönlichkeit beschreibt. Im ersten Schritt wird versucht, sich das Idealbild von der jeweiligen Zielgruppe charakterisieren zu lassen. Im zweiten Schritt wird diese Zielgruppe gebeten, das Produkt des entsprechenden Unternehmens zu beschreiben, dies ist dann das tatsächliche Produktimage.

 Das Imageziel ergibt sich somit aus der Differenz zwischen Soll(=Ideal)-Image und Ist-Image.

Ergebnis ist ein so genanntes Polaritätenprofil.

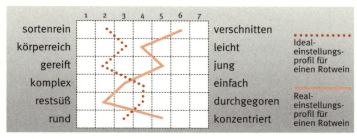

Abb. 2.3: Polaritätenprofil

Bei vielen Produkten hängt der Marktanteil von der Erhältlichkeit der Produkte ab (z. B. Mineralwasser; ein Konsument wird nicht viele Kilometer fahren, wenn sein Getränkemarkt die bestimmte Mineralwassermarke nicht führt). Die Erhältlichkeit wird durch die so genannte **Distributionsdichte** (DD) gemessen. Sie kann numerisch oder gewichtet ermittelt werden:

Distributionsdichte

- **Numerisch** ist die Distributionsdichte die **Anzahl der Geschäfte**, die »mein Produkt« führen, im Verhältnis zu allen Geschäften, die Produkte aus »meiner Branche« vertreiben (Lebensmittelgeschäfte, die Milka Riegel vertreiben / Lebensmittelgeschäfte, die Schokoriegel vertreiben), also:

$$\text{Num. DD} = \frac{\text{Anzahl der Geschäfte, die »mein Produkt« verkaufen}}{\text{Anzahl der Geschäfte, die Produkte dieser Branche verkaufen}} \cdot 100$$

- **gewichtet** ist dies der **Umsatz in den Geschäften**, die »mein Produkt« führen, im Verhältnis zu dem Umsatz aller Geschäfte, die Produkte »meiner Branche« vertreiben, also:

$$\text{Gew. DD} = \frac{\text{Umsatz der Geschäfte, die »mein Produkt« verkaufen}}{\text{Umsatz der Geschäfte, die Produkte dieser Branche verkaufen}} \cdot 100$$

Beispiel

»80% numerisch und 40% gewichtet« bedeutet, dass mein Produkt in 80% aller Geschäfte, die Produkte meiner Branche anbieten, erhältlich ist, diese 80% der Geschäfte aber nur 40% des Branchenumsatzes erzielen (es handelt sich also um kleinere Geschäfte).

Der Anteil eines Unternehmens innerhalb einer Branche an dem betreffenden Markt wird als **Marktanteil** bezeichnet. Der Marktanteil gibt den Umsatz (oder den Absatz) des eigenen Unternehmens x 100 im

Marktanteil

Verhältnis zum Umsatz des gesamten relevanten Marktes zu einem bestimmten Zeitpunkt an.

$$\text{Marktanteil} = \frac{\text{Umsatz des eigenen Unternehmens}}{\text{Umsatz des gesamten relevanten Marktes}} \cdot 100$$

Es kommt darauf an, dass das Unternehmen den **relevanten Markt** so beschreibt, dass dieser nur die angestrebte Zielgruppe und die angestrebte Verkaufsregion erfasst.

> **Beispiel**
>
> So wäre es für Porsche falsch, den gesamten Automarkt weltweit zu betrachten. Relevant ist hier der Umsatz für Sportwagen in den Ländern, in denen Porsche vertreten ist.

Der Marktanteil wird normalerweise wertmäßig gemessen (eigener Umsatz in €), er kann aber auch mengenmäßig gemessen werden (z. B. in Mio. Hektolitern in der Getränkeindustrie); dann spricht man vom Absatz im Gegensatz zum Umsatz. Das ist insbesondere dann sinnvoll, wenn es große Preisunterschiede im relevanten Markt gibt (Sekt für 2 Euro und für 20 Euro), hier ist der Absatz aussagekräftiger.

Preisziel/Preissegment

Das **Preisziel** kann konkretisiert werden, indem man den Markt in verschiedene Preissegmente aufteilt:
- Gehobenes Preissegment (Premium-Preise, z. B. Lebensmittelfeinkostgeschäft),
- mittleres Preissegment (z. B. Edeka),
- Billigpreisklasse (Discounter; Lidl, Aldi), hier sind Produkte zu finden, die sich oft hinsichtlich Qualität, Service etc. nicht unbedingt von anderen Produkten unterscheiden, die aber teilweise auch Nachteile (keine Beratung, unattraktive Verkaufsräume) aufweisen.

2.3 MARKETING-LEITBILDER

In marketingorientierten Unternehmen bedient man sich statt einer Vielzahl von Einzelzielen auch so genannter Marketing-Leitbilder. Diese **Zusammenfassung von Einzelzielen zu einem Leitbild** macht das Gesamtziel im Sinne der **Gesamtpositionierung** erheblich **deutlicher**.

Die Marketinginstrumente wirken nicht nur auf ein einzelnes Ziel, sondern i. d. R. auf alle Marketingziele (so wirkt z. B. der Preis nicht nur auf die Absatzmenge direkt, sondern auch auf das Image des Produktes, der Kunde assoziiert mit einem Preis häufig direkt die Qualität).

Das Leitbild umfasst im Wesentlichen nur die qualitativen Marketingziele, die ökonomischen Marketingziele werden weiterhin getrennt dargestellt. Die wesentlichen qualitativen Ziele, die zu einem Leitbild zusammengefasst werden, sind:

- Marktanteil
- Bekanntheitsgrad
- Image
- Preissegment
- Erhältlichkeit (Art der Vertriebswege, Distributionsdichte)

Wesentliche qualitative Ziele, die zu einem Leitbild zusammengefasst werden

Zielgröße	Beschreibung des Leitbildes
Marktanteil	Der Marktanteil soll 10 % wertmäßig und 8 % mengenmäßig betragen.
Bekanntheitsgrad	Der ungestützte Bekanntheitsgrad soll 50 % betragen.
Image	Das Image soll auf den Eckpfeilern Exklusivität, Festlichkeit, Einzigartigkeit beruhen.
Preissegment	Das Produkt soll vorwiegend im oberen Preissegment angesiedelt werden (z.B. 7–10 € pro Pfund).
Distribution	Der Kaffee soll in 80 % aller Lebensmitteleinzelhandelsgeschäfte verfügbar sein und diese Betriebe sollen 90 % des Gesamtumsatzes an Kaffee in Lebensmitteleinzelhandelsgeschäften repräsentieren.

Tab. 2.1: Mögliches Leitbild am Beispiel einer Kaffeemarke

Vorteil dieser Leitbilddarstellung ist, dass der **Wirkungsverbund zwischen den Instrumenten verdeutlicht** wird und dass das qualitative Ziel auf einen Blick dargestellt wird. Man kann sich ein besseres Bild von dem »Charakter« einer Marke machen, wenn man alle Komponenten (Preissegment, Bekanntheitsgrad, Verkaufsorte usw.) zusammen betrachtet.

Häufig treten Probleme in der betrieblichen Praxis auf, weil Ziele nicht hinreichend konkret (operationalisiert) sind oder weil sie mit Maßnahmen verwechselt werden.

2.4 OPERATIONALISIERUNG VON MARKETINGZIELEN

 Die Durchführung einer Werbekampagne ist z.B. kein Ziel, sondern eine Maßnahme, um den Bekanntheitsgrad eines Produktes zu steigern

Zielsysteme — **Zielsysteme müssen verständlich, präzise, widerspruchsfrei und nachprüfbar formuliert werden.** Damit ein Zielsystem diesen Anforderungen genügt, müssen Aussagen getroffen werden über:
1. das Zielspektrum,
2. die Zielordnung (Zielhierarchie),
3. die Zielbeziehungen,
4. die Konkretisierung der Ziele.

Zielspektrum — Das **Zielspektrum** beschreibt alle für das jeweilige Unternehmen relevanten Ziele. An oberster Stelle in marktwirtschaftlichen Systemen steht auf jeden Fall das Streben nach einem langfristig zufriedenstellenden Gewinn und die Erhaltung der Wettbewerbsfähigkeit. Ziele wie kurzfristige Gewinnerzielung, Erschließung neuer Märkte, Mitarbeitermotivation etc. sind dagegen von nachgeordneter Bedeutung.

Zielordnung — Die **Zielordnung** legt die Hierarchie aller Ziele untereinander fest. Hieraus ergibt sich die **Einteilung in Ober- und Unterziele**. Diese Einteilung setzt voraus, dass die Unterziele Mittelcharakter für die Oberziele haben. Wichtig bei einer solchen Zielordnung ist, dass tatsächlich geprüft wird, ob die Unterziele wirklich alle das Oberziel unterstützen und in welchem Verhältnis die Unterziele zueinander stehen (Frage der Zielbeziehung).

Zielbeziehungen — Die Frage, inwieweit die Zielerreichung des einen Ziels (z. B. Senkung der Produktionsstückkosten) die Erreichung eines anderen Ziels (z. B. Ausweitung des Marktanteils) unterstützt oder behindert, ist eine Frage der **Zielbeziehungen**. Gerade bei den Unterzielen kann es Zielkonflikte geben (z. B. kann das Produktionsziel der kostengünstigsten Herstellung im Widerspruch stehen zu dem Absatzziel einer möglichst großen Sortimentsbreite mit geringen Lieferzeiten). In diesen Fällen ist es erforderlich, klare Spielregeln für die Lösung solcher Zielkonflikte zu erstellen, z. B. die Festlegung, wer im Konfliktfall entscheidet, oder die Definition von Bandbreiten oder Toleranzen für Zielunterschreitungen zu Gunsten Zielüberschreitungen bei anderen Zielen usw.

Ziele können sich zueinander entweder
- harmonisch,
- konkurrierend oder
- neutral (indifferent) verhalten.

Eine **harmonische** Beziehung liegt vor, wenn die Erreichung des Ziels A auch die Erreichung des Ziels B unterstützt (z. B. Ausweitung der Distributionsdichte und Bekanntheitsgrad). Eine **Zielkonkurrenz** ergibt sich, wenn die Erreichung von A zu einer Verschlechterung beim Ziel B führt (z. B. Ziel A: möglichst geringer Benzinverbrauch; Ziel B: möglichst schnelles Erreichen der Stadt x). **Zielindifferenz** liegt vor, wenn keine Beziehung zwischen beiden Zielen vorliegt. Die Zielindifferenz ist allerdings recht selten, da i. d. R. für jedes Ziel finanzielle Mittel eingesetzt werden und somit Geld, was zur Erreichung von Ziel A ausgegeben wird, nicht mehr zur Erreichung des Ziels B verfügbar ist.

Der **Zielinhalt** gibt Antwort auf die Frage: »Was soll erreicht werden?«, z. B. Gewinn vor Steuern oder gestützter Bekanntheitsgrad oder Marktanteil für PKW in Deutschland in der Preisklasse von 20.000 bis 30.000 €.

Zielinhalt

Das **Zielausmaß** legt fest, in welchem Umfang der Zielinhalt erreicht werden soll, z. B. 3,1 Mio. € Gewinn vor Steuern. Der **Zeitrahmen** definiert, wann oder in welchem Zeitraum das Ziel erreicht werden soll, z. B. Umsatz in 2003 von 100 Mio. €, Steigerung des Marktanteils bis zum 30.06.2003 auf 70 %.

Eine **Zielkonkretisierung ist wichtig**, damit

Zielkonkretisierung

- allen Entscheidungsträgern klar ist, welche Mittel für die Zielerreichung benötigt werden (so gibt z. B. das Ziel »Steigerung des Marktanteils auf ein zufrieden stellendes Niveau« keine Handlungsanweisung für die Frage, ob man den Etat für Öffentlichkeitsarbeit um 1 € oder 20 Mio. € erhöhen soll),

- gemessen werden kann, ob die Ziele erreicht worden sind und ob individuelle Belohnungen oder Sanktionen zu erwarten sind,

- Zielbeziehungen zueinander klarer werden; die Marktanteilsausweitung ist z. B. bis zu einem bestimmten Ausmaß förderlich für die Gewinnerzielung. Über dieses Maß hinaus kann es jedoch zu Gewinneinbußen kommen, weil die notwendigen Kosten (oder Preiszugeständnisse) für die Marktanteilsausweitungen den Gewinn reduzieren.

Beispiel

Das Absatzziel einer Bank könnte lauten: »Steigerung des Umsatzes von Baufinanzierungsvolumina an private Kunden im nächsten Jahr auf 800 Millionen € in Deutschland«.

> **VERSTÄNDNISFRAGEN**
>
> 8. Warum ist die Zusammenarbeit der Marketingabteilung mit anderen Unternehmensabteilungen besonders wichtig?
> 9. Nennen sie einige wichtige qualitative und quantitative Marketingziele.
> 10. Definieren Sie den Deckungsbeitrag für ein Unternehmen mit 3 Produkten.
> 11. Sind Polaritätenprofile geeignete Instrumente zur Ableitung von Marketingmaßnahmen?
> 12. Überlegen Sie sich ein Beispiel für ein Marketing-Leitbild.
> 13. Ist der gestützte oder der ungestützte Bekanntheitsgrad wichtiger für die Kaufabsicht?

2.5 Prüfungsaufgaben

Aufgabe 2.1: Zielbildung

Sie sind Vorstandsvorsitzende(r) der gerade in eine Aktiengesellschaft umfirmierten »Deutsche-Fernsehvermarktungsbehörde« (DFB). Ihr Geschäftsbetrieb ist die Vermarktung von Fußballereignissen in der Bundesrepublik Deutschland. Anlässlich der Notwendigkeit, jetzt auch der Öffentlichkeit die Grundprinzipien modernen Managements offen zu legen, wollen Sie Ihren Leitenden Angestellten die Ziele für das Jahr 2003 vorlegen. Ihr persönlicher Assistent hat hierzu folgende Fakten zusammengetragen:

- Die Vermarktungsrechte für die Sportart, die sie vertreten, haben 2002 350 Mio. € eingebracht.
- Ihr Werbeaufwand betrug 2002 80 Mio. €, der laufende Aufwand für Investitionen (der DFB beteiligt sich an den Ausbaukosten neuer Stadien und hat ein kleines Verwaltungsgebäude neu errichtet) betrug 38 Mio. €.
- 2003 wollen Sie den Gewinn um 23 % gegenüber 2002 steigern.
- Die Bundesregierung plant, die Werbeblöcke für öffentliche Sendeanstalten um 2/3 zu kürzen.
- Die letzte Meinungsumfrage hat ergeben, dass Fußball als langweilig angesehen wird.
- Die Einnahmen aus Tickets sind 2001 um 3 % gestiegen, weil die Eintrittspreise um 12 % erhöht wurden.
- Umfragen ergeben, dass die Zuschauerzahlen in den nächsten Jahren wesentlich von den Erfolgen der Nationalmannschaft abhängen.
- Das Durchschnittsalter der Leitenden Angestellten des DFB beträgt 64,8 Jahre.

- Die Darstellung im Internet hat der DFB bislang abgelehnt.
- Die Finanzlage der Vereine ist als sehr gesund zu bezeichnen.
- Die Personalkosten der 130 Verwaltungsmitarbeiter liegen um 234% über dem Branchendurchschnitt
- Die Ausstattung mit PC und moderner Bürokommunikation ist kaum vorhanden.
- Die Motivation der Mitarbeiter ist sehr hoch, da es eine Ehre ist, für den DFB zu arbeiten, und viele Verwandte und Freunde hierdurch mit Karten zu begehrten Sportereignissen versorgt werden können.
- Der Betriebsrat hat seine Zustimmung zu einer Änderung der Arbeitszeit, die auch Wochenendarbeit vorsieht, verweigert.
- Die Nationalmannschaft ist stark in der öffentlichen Kritik, weil einige Spieler ein exzessives Nachtleben führen.
- Die freiwilligen Sozialleistungen machen 80% der Personalaufwendungen aus.

Fragen

a) Schlagen Sie dem Vorstandsvorsitzenden 3 Ziele des DFB vor.

b) Nennen Sie 3 Anforderungen, die generell an ein Zielsystem gestellt werden.

c) Welche Zielbeziehungen bestehen zwischen den von Ihnen entwickelten Zielen?

Aufgabe 2.2: Marketingleitbild

Im Zuge der Privatisierung will sich die Post noch stärker einen marketingorientierten Anstrich geben. Die Namensänderung in »DPWN« – Die Post Welt Netz: Mail, Express, Logistik, Finanzen – hat allerdings insbesondere bei der älteren und ländlichen Bevölkerung noch nicht den erhofften Durchbruch gebracht.

Nun will der Bereich »Die Post Direkt« (Direktmailing-Werbebriefversand für Unternehmen) innerhalb der DPWN den Versuch machen, aus diesem Beharrungszustand herauszubrechen und will sich daher ein eigenes Marketingleitbild für seinen Aufgabenbereich geben.

Fragen

a) Geben Sie eine kurze Definition eines Marketingleitbildes.

b) Welche Ziele fließen in ein Marketingleitbild ein?

c) Welche Ziele sollte sich der Bereich »Die Post Direkt« der DPWN realistischerweise geben? Hinweis: Bei den quantitativen Werten gehen Sie bitte von realistischen Annahmen aus.

d) Worin sehen Sie mögliche Vor- oder Nachteile eines Marketingleitbildes gegenüber einer Aufstellung einzelner Marketingziele?

3 Grundlagen der Marketingstrategien

3.1	ABGRENZUNG ZIEL – STRATEGIE – TAKTIK	30
3.2	FUNKTIONEN VON STRATEGIEN	31
3.3	AUFGABEN DER MARKETINGSTRATEGIEN	32
3.3.1	Unternehmerischer Grundauftrag	33
3.3.1.1	*Inhalte des unternehmerischen Grundauftrages*	*33*
3.3.1.2	*Anforderungen an einen unternehmerischen Grundauftrag*	*34*
3.3.2	Strategische Geschäftsfelder	35
3.3.3	Festlegung der Wettbewerbsausrichtung	37
3.4	ERARBEITUNG EINER STRATEGIE	38
3.4.1	Grundauftrag	38
3.4.2	Bewertung der Zukunftsaussichten	39
3.4.2.1	*Portfolio-Methode der Boston Consulting Group*	*39*
3.4.2.2	*SWOT-Analyse*	*43*
3.4.3	Zielformulierung	48
3.4.4	Strategieformulierung	48
3.4.5	Planung des Einsatzes der Marketinginstrumente	50
3.4.6	Durchführung	50
3.4.7	Kontrolle und Feed-back	51
3.5	PRÜFUNGSAUFGABEN	52

3.1 Abgrenzung Ziel – Strategie – Taktik

Häufig gibt es Abgrenzungsprobleme zwischen den Begriffen Ziele, Strategie und Taktik. Folgende Abbildung zeigt die Unterschiede:

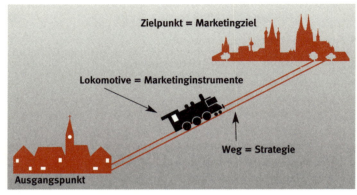

Abb. 3.1: Ziel, Strategie und Taktik

Man kann also sagen, dass
- die **Ziele** unseren **Zielpunkt** beschreiben (Wo wollen wir am Ende dieses Jahres oder in 4 Jahren stehen?)
- **Strategien** die grobe **Route** festlegen, während
- die **Taktik** über die **Beförderungsmittel**, Zwischenstopps und kurzfristige Ausweichmanöver entscheidet.

Strategie = Scharnierfunktion zwischen Zielen und Maßnahmen

Strategien sind somit Grundsatzregelungen. Sie sind das Scharnier zwischen Zielen und taktischen Maßnahmen. **Strategien sind ein grober, flexibler Handlungsrahmen, in dem man sich schnell und zielgerichtet bewegen kann.**

Marketingstrategien legen den langfristigen Verhaltensrahmen für den kurzfristigen Instrumenteneinsatz fest, damit die Instrumente zielgerichtet und aufeinander abgestimmt sind, um so die Unternehmens- und Marketingziele zu erreichen (vgl. Becker 1998, S. 140; Meffert 2000, S. 62).

Beispiel

Das Automobilunternehmen Porsche hat sich für ein enges Sortiment (Sportwagen) in einer bestimmten Preisklasse (hochpreisig) für eine bestimmte Käuferschicht entschieden. Auch bei Änderungen der Umweltsituation (z. B. stark sinkende Nachfrage nach Sportwagen in den USA nach den Terroranschlägen am 11. September 2001) wird Porsche nicht als Reaktion hierauf plötzlich Familienlimousinen im Niedrigpreissegment anbieten wollen. »Der Anspruch: Porsche ist weltweit das Synonym für Sportwagen.« (http://www.porsche.com/german/unternehmen/philosophie/wer/anspruch.htm)

Die folgende Tabelle zeigt die wesentlichen Unterschiede zwischen Strategie und Taktik auf:

Strategie	Taktik
Grundsatzregeln, strukturbestimmend	laufende Disposition, innerhalb der vorgegebenen Struktur
Veränderungen nur mit großem Aufwand	Veränderungen mit wenig/mittlerem Aufwand
Geringe Flexibilität	Hohe Flexibilität
Bestimmt die gesamte Unternehmensstruktur	Bestimmt den Ablauf
Ganzheitliches Denken notwendig	Denken in einzelnen Bereichen
Mittel- bis langfristig	Kurzfristig (1–2 Jahre)
Wirkungen nur zeitverzögert (heute für morgen)	Wirkung sofort oder innerhalb einer kurzen Periode (heute für heute entscheiden und handeln)
Echte Wahlentscheidungen mit langer Vorbereitung	Routineentscheidungen »Managen des Augenblicks«
Ziel ist die Effektivität (**das Richtige** tun)	Ziel ist die Effizienz (die Dinge **richtig tun**)

Tab. 3.1: Unterschiede zwischen Strategie und Taktik (Quelle: Becker, J.: Marketing-Konzeption, 7. Aufl. 2001, S. 143)

3.2 Funktionen von Strategien

Strategien erfüllen im Wesentlichen zwei Hauptfunktionen:
- **Kanalisierung** des Instrumenteneinsatzes und
- **Koordinierung** aller Unternehmensbereiche.

Auch bei konkreten Zielvorgaben (z. B. Erhöhung des Marktanteils um 10% in diesem Jahr) kann es verschiedene Instrumente geben, die dieses Ziel gleichermaßen erreichen, hier z. B. die Verbesserung der Produkteigenschaften, eine Preissenkung, die Verbesserung der Werbeaussagen usw.

Durch eine Strategievorgabe wird aber die Instrumentenwahl erleichtert, da nur noch **strategiekonforme Instrumente** eingesetzt werden. Lautet die Strategie also z. B. »Differenzierung«, wird das erstgenannte Instrument vorwiegend eingesetzt.

Kanalisierung des Instrumenteneinsatzes

Koordinierungsfunktion

Bei einer unkoordinierten Vorgehensweise haben die verschiedenen Unternehmensbereiche unterschiedliche Ausgangssituationen. Entweder geht jeder seinen eigenen Weg (evtl. in unterschiedliche Richtungen) oder es finden langwierige Abstimmungsgespräche statt. Diese könnten entfallen, wenn vorher eine klare Strategie entwickelt wird.

Ist eine Strategie entwickelt und auch kommuniziert, kann es zwar immer noch passieren, dass man nicht auf dem schnellsten Weg das Ziel erreicht, es ist aber sichergestellt, dass man in die richtige Richtung geht.

Da die Strategie die Route vorgibt, sollte jedoch darauf geachtet werden, dass die **Route genügend Spielraum lässt**, um auch taktisch **flexibel zu bleiben**.

3.3 Aufgaben der Marketingstrategien

Marketingstrategien sind Angelegenheiten des Top-Managements

Gelegentlich wird in der Literatur noch zwischen der Unternehmensstrategie und der Marketingstrategie unterschieden. Dies erfolgt hier nicht, da eine solche Unterteilung häufig willkürlich ist. Die Begriffe Marketingstrategie und Unternehmensstrategie werden hier synonym verwendet.

Die Marketingstrategie ist keine reine Aufgabe der Marketingabteilung, sondern (auf Grund des koordinierenden Charakters) des Top-Managements. Natürlich werden die Vorarbeiten von den einzelnen Unternehmensabteilungen oder Stabsstellen erledigt, die Entscheidung ist aber auf jeden Fall vom Top-Management zu treffen.

Die Unternehmensstrategie muss klare Aussagen über die Markt-/Kundenausrichtung und Marktbearbeitung treffen. Sie legt also vor allem fest, in welchen Feldern das Unternehmen tätig sein soll.

Marktorientierte, strategische Planung

 Marktorientierte, strategische Planung ist der Prozess, bei dem die Ziele und Ressourcen des Unternehmens an die sich ändernden Marktchancen angepasst werden.

Die strategische Geschäftsplanung gestaltet die verschiedenen Geschäftseinheiten und Produktgruppen so, dass sie in ihrer Gesamtheit zufrieden stellende Gewinne und zufrieden stellendes Wachstum hervorbringen (vgl. Kotler 1999, S. 87).

Aufgaben einer Marketingstrategie

Folgende Entscheidungen sind die wesentlichen **Aufgaben einer Marketingstrategie**:
1. Festlegung des unternehmerischen Grundauftrages,
2. Entscheidung über die strategischen Geschäftsfelder,

3. Wettbewerbsausrichtung,
4. Strategische Ausrichtung der Marketinginstrumente.

3.3.1 Unternehmerischer Grundauftrag

Der unternehmerische Grundauftrag legt die **langfristige Unternehmenspolitik** fest und ist bestimmend für die Auswahl der strategischen Geschäftsfelder. Ein Unternehmen wird nur die strategischen Geschäftsfelder bearbeiten, die dem Grundauftrag entsprechen. So wäre es für Porsche unsinnig, in einem Geschäftsfeld »Krankenpflege« aktiv zu werden. Im Folgenden werden kurz die wichtigsten Inhalte des unternehmerischen Grundauftrages und die sonstigen Anforderungen an ihn beschrieben.

3.3.1.1 Inhalte des unternehmerischen Grundauftrages
Die wichtigsten Inhalte, die in dem unternehmerischen Grundauftrag festgeschrieben sein sollten, sind:
1. Klärung des Unternehmenszweckes (Mission)
2. Vereinbarungen über die wichtigsten Handlungsprinzipien (Basic beliefs)

Zu 1.: Als wichtigster Inhalt des Grundauftrages ist festzulegen, worin die »Existenzberechtigung« des Unternehmens liegt, was es erreichen und bezwecken will. Häufig werden hierfür Begriffe wie Mission oder Vision verwendet, wobei **Mission den Gegenwartsbezug** und die **Vision die Zukunftsorientierung** darstellt.

Mission oder Vision

Die wichtigsten Kernfragen (vgl. Becker 1998, S. 43), die ein Unternehmen hierbei gründlich und sorgfältig beantworten sollte, sind:
- Wer ist unser Kunde?
- Was ist unser Geschäft? (Wer sind wir?)
- Was ist der Wert, den wir anbieten, für den Kunden?
- Was soll künftig unser Geschäft sein?
- Wie müssen wir uns weiterentwickeln?
- Wie können wir Existenz, Wachstum und Erfolg sichern?

Diese Fragen hören sich banal an, jedoch ist es erstaunlich, wie wenig sich die Unternehmensspitze hiermit auseinander setzt oder was für unterschiedliche Antworten man erhält, wenn die verschiedenen Führungskräfte eines Unternehmens hierzu befragt werden.

Wichtig ist es, bei der Mission die Kundenorientierung in den Vordergrund zu stellen. Der unternehmerische Grundauftrag ist also z.B. nicht, PKW in der Mittelklasse zu produzieren, sondern das Fortbewegungsbedürfnis oder das Sicherheitsempfinden usw. der Kunden der

Bei der Mission die Kundenorientierung in den Vordergrund stellen

mittleren Einkommensschicht zu befriedigen. Marketingklassiker sprechen zutreffend von »**Outside-In**«**-Orientierung** (an Stelle der »Inside-Out«-Orientierung) oder von »The customer driven company«.

Unternehmen	Produktorientierte Definition	Marktorientierte Definition
Kosmetikfirma	Wir stellen Cremes her	Wir verkaufen Hoffnung auf Schönheit
Kreditinstitute	Wir verleihen Geld und legen es an	Wir »machen den Weg frei« zur Finanzierung weit gesteckter Ziele
Verlag	Wir stellen Bücher her	Wir produzieren und verbreiten Informationen

Tab. 3.2: Beispiele kundenorientierter Grundaufträge

Basic beliefs

Zu 2: Bei den **Prinzipien der Zusammenarbeit** mit Kunden, Mitarbeitern, Zulieferern und dem Staat werden die »ethischen und sozialen« Grundsätze festgeschrieben.

In eine Frage umformuliert sollen die Basic beliefs Antwort geben auf die Frage **»Woran glauben wir?«** Hierbei sollte darauf geachtet werden, dass diese Prinzipien zwar ehrgeizig, aber realistisch formuliert sind und auch für »schwere Wetterlagen« geeignet sind; ansonsten verlieren sie schnell ihre Glaubwürdigkeit; in diesem Fall ist es besser, ganz auf diese Prinzipien zu verzichten.

3.3.1.2 Anforderungen an einen unternehmerischen Grundauftrag
Ein strategischer Grundauftrag sollte möglichst folgende Anforderungen erfüllen.
- Schriftliche Ausarbeitung
- Veröffentlichung für alle wichtigen Interessengruppen (Mitarbeiter, Kunden, Zulieferer)
- Konzentration auf wenige herausragende Besonderheiten

Schriftliche Ausarbeitung

Die schriftliche Ausarbeitung bewirkt, dass er **gründlich überlegt** und **langfristig** abgesichert ist. Zudem wird sich die Unternehmensspitze in ihrer Gesamtheit dann über die unternehmerischen Aufgaben im Klaren und (hoffentlich) einig.

Veröffentlichung

Weiterhin ist es sinnvoll, diesen Grundauftrag auch an alle wichtigen Interessengruppen zu veröffentlichen. Dies ist deshalb wichtig, weil es dazu führt, dass die Kunden sich verstanden fühlen, die Mitarbeiter und die Zulieferer wissen, was von ihnen erwartet wird und ob sie **sich mit dem Unternehmen identifizieren können**. Aus diesem

Blickwinkel erscheint der etwas harsche Spruch »love me or leave me« durchaus berechtigt.

 Gerade bei einschneidenden Veränderungen ist es unerhört wichtig, dass der Grundauftrag von dem Management und allen Mitarbeitern getragen wird, damit er umgesetzt werden kann und so zum Erfolg führt.

Beispiel

So hat z. B. der Karstadt Konzern seinen Grundauftrag etwa 1998 geändert. Das Programm bei Karstadt trägt den einprägsamen Namen » Spirit – auf dem Weg zu einem kundenbewegten Unternehmen«. Wie wichtig es dem Karstadt Konzern damit ist, kommt auch darin zum Ausdruck, das dieser Grundauftrag auf allen Betriebsversammlungen im Konzern ausführlich behandelt wurde und hierzu intensive Seminare und Workshops durchgeführt wurden. Seit Mitte 1998 müssen die Angestellten die »Unternehmensverfassung Mitarbeiter – Kunde« als Zusatzvereinbarung zum Anstellungsvertrag unterschreiben.

Weiterhin soll der Grundauftrag **präzise** sein und **nur die wichtigsten Besonderheiten** des Unternehmens herausstellen, auf die es sich konzentrieren will. Wenn die Aussagen zu global und weitreichend sind, helfen sie nicht in Entscheidungssituationen.

Konzentration auf wenige herausragende Besonderheiten

3.3.2 Strategische Geschäftsfelder

Größere Unternehmen unterteilen ihre gesamten Aktivitäten in sog. »Strategische Geschäftsfelder«. Ein strategisches Geschäftsfeld wird durch 3 Grundelemente bestimmt:

Abb. 3.2: Elemente strategischer Geschäftsfelder

Zielgruppe — Die Zielgruppe legt fest, welches die **heutigen und zukünftigen Kunden** sind, die das Unternehmen mit seinen Gütern und Dienstleistungen zufrieden stellen möchte, sie definiert also den relevanten Markt.

Die Zielgruppen können anhand verschiedener Kriterien festgelegt werden, z. B. nach demografischen Kriterien (Alter, Beruf, Einkommen), nach Verwendungszweck (private Nutzer, industrielle Nutzer), nach verhaltens- oder psychologischen Kriterien (der sportliche Fahrer, der sicherheitsbewusste Fahrer). Auf diese Einteilungsarten wird später noch gesondert eingegangen. Die Konzentration auf eine Zielgruppe bedeutet natürlich nicht, dass Kunden aus anderen Gruppen nicht willkommen sind, sondern nur, dass das Unternehmen sich bei der Produktgestaltung, Kommunikation usw. auf diese Gruppe konzentriert.

Kundenbedürfnisse — Die Orientierung (möglichst Outside-In-Orientierung) an den Bedürfnissen der Kunden (z. B. Zahlungsverkehr, Geldanlage, Finanzierung, Risikoabsicherung bei Bankkunden) schafft die notwendige **Voraussetzung für den Kauf**, die Kundenbedürfnisse legen fest, was ein Unternehmen tun muss, damit seine Produkte von der Zielgruppe auch gekauft werden.

Technologie — Die Technologie beschreibt, mit **welchen technischen Verfahren** man die Kundenbedürfnisse befriedigt, (z. B. Energieerzeugung durch Kernkraft, Kohle, Wasser, regenerative Energien).

Fasst man diese drei Elemente zusammen, sieht man, dass auch ein Unternehmen, das nur **ein Produkt** herstellt (z. B. Strom) **durchaus mehrere Geschäftsfelder** haben kann; z. B. Stromversorgung für die Kundengruppe »industrielle Abnehmer« oder »private Haushalte«. Alle drei Elemente sind zudem gute Ausgangspunkte zur Ausweitung der Geschäftstätigkeit auf weitere Geschäftsfelder.

Je nach Unternehmensgröße werden die strategischen Geschäftsfelder auch rechtlich verselbstständigt.

Eine Geschäftseinheit kann durchaus aus mehreren strategischen Geschäftsfeldern bestehen und umgekehrt — Die Festlegung der strategischen Geschäftsfelder bedeutet nicht sofort eine entsprechende Unternehmensorganisation. Hierfür findet sich i. d. R. der Begriff **»strategische Geschäftseinheit«** oder nur »Geschäftseinheit«. Das strategische Geschäftsfeld muss nicht unbedingt mit der strategischen Geschäftseinheit übereinstimmen, eine Geschäftseinheit kann durchaus aus mehreren strategischen Geschäftsfeldern bestehen und umgekehrt. In großen, international oder weltweit tätigen Unternehmen ist häufig eine **vierteilige Unternehmensorganisation** und -hierarchie anzutreffen:
1. Gesamtunternehmen (Konzern oder Holding),
2. Unternehmensbereiche,

3. Geschäftseinheiten,
4. Produktgruppen.

Jede Stufe ist in der strategischen und operativen Planung von der Vorstufe abhängig. So entscheidet die Konzernspitze über die Zukunft der Unternehmensbereiche, die wiederum über die Ressourcenzuweisung Einfluss auf die Geschäftseinheiten nehmen. Die Produktgruppen schließlich erstellen ihren Marketingplan auf Grund der Vorgaben der Geschäftseinheiten.

Jede Stufe ist in der strategischen und operativen Planung von der Vorstufe abhängig

Über alle Stufen verläuft dann der Prozess **Zielplanung, Maßnahmenplanung, Durchführung, Kontrolle und ggf. erneute korrigierte Zielplanung**.

Weitere (Neben-)Bedingungen für die Errichtung eines Bereiches zu einem strategischen Geschäftsfeld sind:
- Vorhandensein einer **eigenständigen Marktaufgabe**; d.h. die Möglichkeit, für diesen Bereich eine eigene Business Mission zu formulieren.
- **Unabhängigkeit** von anderen strategischen Geschäftsfeldern; so könnte es zumindest fraglich sein, die Lufthansa Technik AG (technische Wartungs- und Reparaturleistungen) innerhalb des Lufthansa Konzerns als eigenständiges Geschäftsfeld anzusehen, da ein Großteil des Umsatzes für die Lufthansa selbst erbracht werden dürfte.
- **Ausreichende Bedeutung**; kann entweder in Gewinn- und Umsatzgrößen oder in dem zukünftigen Erfolgspotenzial eines Konzerns gemessen werden.

(Neben-)Bedingungen für die Errichtung eines Bereiches zu einem strategischen Geschäftsfeld

In all diesen betrachteten Fällen wird also der Gesamtmarkt in **in sich homogene Teilmärkte** aufgeteilt, wobei die Teilmärkte **untereinander heterogen** (voneinander unterscheidbar) sein müssen.

3.3.3 Festlegung der Wettbewerbsausrichtung
Anschließend soll der Grundauftrag klären, wo und wie das Unternehmen sich im Wettbewerb stellen will. Hier sind Aussagen nötig über:
- Wie soll der **Markt abgedeckt** werden? Sollen nur bestimmte Teile anvisiert werden (sog. »Nischenstrategie«) oder soll der gesamte Markt angegangen werden
- **Vertikale Integration**; soll das Unternehmen alles vom Rohstoff bis zum fertigen Endprodukt in eigener Regie herstellen oder sich nur auf die Kernkompetenz konzentrieren und alles andere fremd beziehen?

- **Räumliche Ausdehnung**; welche Regionen, Länder sollen bearbeitet werden?
- Welches **Verhalten** gegenüber den Wettbewerbern ist angestrebt? Will sich das Unternehmen friedlich, kooperativ oder eher angriffslustig verhalten?

3.4 ERARBEITUNG EINER STRATEGIE

Nachdem die Ziele und Inhalte von Marketingstrategien beschrieben wurden, sollen im Folgenden die einzelnen Schritte für die Entwicklung einer Strategie dargestellt werden.

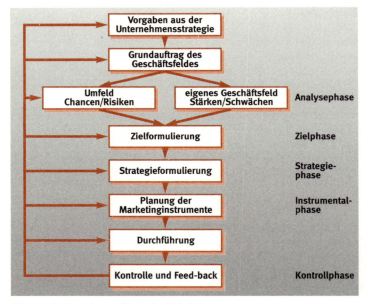

Abb. 3.3: Strategieplanung für ein Geschäftsfeld

3.4.1 Grundauftrag

Auf Grund der Vorgaben aus der Unternehmensstrategie wird der Grundauftrag des Geschäftsfeldes definiert.

Beispiel

Für einen Telekommunikationsanbieter mit den Geschäftsfeldern Festnetz und Mobilfunk könnte es für das Geschäftsfeld Mobilfunk folgende Entscheidungen geben:

- Zielgruppe: Private und gewerbliche Kunden
- Genutzte Technologie: D2 Netz mit UMTS-Technologie
- Verbreitung: Bundesweit
- Kundennutzen: Kommunikation von jedem Ort der Welt durch Sprache, Schrift, Bild und Texte.

Die generellen Inhalte und Anforderungen an den Grundauftrag sind bereits ausführlich beschrieben worden.

3.4.2 Bewertung der Zukunftsaussichten

Durch die Festlegung des Grundauftrages ergibt sich zwangsläufig, welche Elemente des Umfeldes die Marketingverantwortlichen (in der englischsprachigen Literatur häufig auch Marketer genannt) dauerhaft beobachten müssen und wie das eigene Unternehmen analysiert werden muss, um die Entwicklung des Geschäftsfeldes optimal planen zu können. Für die Analyse haben sich zwei Methoden durchgesetzt, die parallel angewandt werden:

Analyse des Umfeldes und der Unternehmenssituation

- Die Portfolio-Methode der Boston Consulting Group
- Die SWOT-Analyse

3.4.2.1 Portfolio-Methode der Boston Consulting Group

Jedes strategische Geschäftsfeld wird dahingehend untersucht, wie das Wachstum des relevanten Marktes (**Marktwachstum**) eingeschätzt wird und wie die relative Stärke des Unternehmens – gemessen durch den **relativen Marktanteil** – auf diesem Markt ist.

Das Marktwachstum ist wichtig, weil sich daraus ableiten lässt, ob sich noch Investitionen für dieses strategische Geschäftsfeld lohnen; zusätzlich dient es als Hinweis auf die Phase des angebotenen Produktes im **Produktlebenszyklus**. Ist noch großes Wachstum zu verzeichnen, befindet sich ein Produkt i. d. R. am Anfang des Produktlebenszyklus, man kann hier noch hohe Investitionen, z. B. in die Produktionsanlagen oder den Bekanntheitsgrad des Produktes, tätigen.

Marktwachstum

Der Produktlebenszyklus wird noch ausführlich dargestellt. Grundidee ist, dass **jedes Produkt nur eine begrenzte Lebensdauer** hat (dies können aber viele Jahrzehnte sein). In jeder Phase sind die Konkurrenzbedingungen und die Nachfragesituationen unterschiedlich, was einen hierauf abgestimmten Marketinginstrumenteneinsatz erfordert.

Der eigene relative Marktanteil ist Symbol für die **eigene Stärke** auf diesem Markt. An Stelle des absoluten Marktanteils benutzt die Boston

Relativer Marktanteil

Consulting Group den relativen Marktanteil. Dass der relative Marktanteil ein guter Maßstab für die Unternehmensstärke ist, wird auch durch die sog. **PIMS-Studie** (Profit Impact of Marketing Strategies) belegt. Hierbei wurde untersucht, welche Indikatoren am besten den Gewinn (gemessen anhand der Eigenkapitalrentabilität) vorhersagen. Es ergab sich, dass der Marktanteil den stärksten Einfluss auf die Rentabilität hat (vgl. Becker 1998, S. 421).

Dieser Einfluss auf den Gewinn ist bedingt durch folgende Effekte:
1. Economies of scale
2. Erfahrungskurveneffekt

Economies of scale

Bei hohem relativem Marktanteil hat das Unternehmen i.d.R. Qualitäts- oder Kostenvorteile, denn das Unternehmen kann mehr Produkte verkaufen als die Konkurrenten. Das Unternehmen kann seine fixen Kosten auf größere Mengen verteilen (**Economies of scale**); es hat also einen Kostenvorteil, den es entweder im Preis an die Kunden weitergeben kann oder es nutzt den Gewinn für zusätzliche Investitionen (z.B. für noch modernere Produktionsanlagen, für Werbekampagnen oder für Forschung und Entwicklung auf anderen strategischen Geschäftsfeldern).

Erfahrungskurveneffekt

Der **Erfahrungskurveneffekt** besagt, dass ein Unternehmen, das im Zeitablauf immer mehr produziert und verkauft, immer erfahrener wird. Diese Erfahrung führt dazu, dass es langfristig immer kostengünstiger produziert oder der Vertrieb preiswerter wird. Hier schlägt sich die Lernkurve nieder, die besagt, dass man mit zunehmender Übung bestimmte Arbeitsabläufe immer schneller und besser erledigt. Dieser Erfahrungskurveneffekt wird z.B. von den Automobilherstellern ausgenutzt, die bei den Preisvereinbarungen mit ihren Zulieferern im Zeitablauf sinkende Preise verbindlich vertraglich festlegen.

Beide Effekte bewirken, dass das Unternehmen seinen Marktanteil ausdehnen kann. Der eigene Marktanteil wird nun mit dem der Konkurrenz verglichen, i.d.R. mit dem Marktführer oder den drei größten Wettbewerbern.

Um nun die einzelnen Geschäftsfelder bewerten zu können, hat die Boston Consulting Group die beiden Kriterien Marktwachstum und relativer Marktanteil in eine Matrix gebracht, vgl. folgende Abbildung.

Die Größe der Kreise stellt die Umsatzbedeutung der strategischen Geschäftsfelder für das eigene Unternehmen dar (SG 3 hat gemessen am Gesamtumsatz des Unternehmens den kleinsten Anteil, während SG 1 und SG 5 die größten Anteile besitzen).

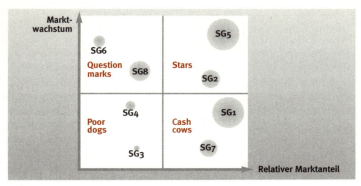

Abb. 3.4: 4-Feld-Matrix der Boston Consulting Group

Ein strategisches Geschäftsfeld kann also hier positioniert werden:
- Question mark (Fragezeichen),
- Star,
- Cash cow (Milchkuh),
- Poor dog (armer Hund).

Die Zuordnung in eine dieser Gruppen ist deshalb wichtig, weil man dadurch vorhersagen kann, wie sich das strategische Geschäftsfeld entwickeln wird, wenn das Unternehmen keine Aktivitäten zeigt und welche Aktivitäten sich für das Unternehmen empfehlen.

Bei den **Question marks** weiß man noch nicht, was wird: Das Produkt befindet sich noch am Anfang des Produktlebenszyklus (es hat also hohe Wachstumsraten), aber das Unternehmen hat hier (noch?) keine gute Marktposition. Hier ist eine sehr **genaue und ausführliche Analyse** der Marktentwicklung, der Chancen und Risiken und der eigenen Stärken und Schwächen erforderlich. Das Produkt kann sich entweder zu einem Star oder zu einem Poor dog entwickeln. Bei relativ **schlechten Chancen** sollte man die **Investitionen** in dieses Produkt **einstellen**, es verkaufen oder die Produktion stilllegen. Bei **guten Aussichten** sollte man **investieren**, um es in der Zukunft zu einem Star werden zu lassen. Entscheidend für die weitere Entwicklung ist die Frage, ob es gelingen wird, vorhandene Wettbewerbsnachteile gegenüber dem Marktführer wettzumachen.

Question marks

Für die heutige Situation bedeutet ein Question mark:
- **Hohe Kosten** auf Grund hoher notwendiger Investitionen (in die Produktion, um das Produkt noch zur Marktreife zu bringen, und in die Bekanntheit, um den Marktanteil zu erhöhen),

- **Niedrige Gewinne**, da z. B. auf Grund der geringen Stückzahl noch keine Economies of scale und auf Grund der kurzen Produktlebenszeit auch noch keine Kostenvorteile aus dem Lernkurveneffekt eintreten konnten.

Stars

Stars sind strategische Geschäftsfelder, die **hohe Wachstumsraten und hohe relative Marktanteile** aufweisen. Ein Unternehmen ist i. d. R. Marktführer, wenn es ein Produkt hier positioniert hat. Das Produkt befindet sich noch relativ am Anfang des Produktlebenszyklus, das heißt, es ist auch zukünftig noch mit hohen Wachstumsraten zu rechnen. Einige Kunden haben ihr Bedürfnis bereits durch einen Kauf realisiert, dies ist jedoch noch längst nicht bei allen potenziellen Interessenten der Fall, der Markt muss also noch entwickelt werden. Für das Unternehmen bedeutet dies, dass **Investitionen in die Kommunikation des Produktes** notwendig sind.

- Es ist wahrscheinlich, dass sich diese Investitionen für das Unternehmen auf Grund ihrer Marktstärke (symbolisiert durch den hohen relativen Marktanteil) lohnen werden.

Stars sind Sicherheitspolster für die Zukunft

- Heute wird es jedoch auf Grund der hohen Anfangsinvestitionen noch keinen oder nur geringen Gewinn bzw. Liquidität erwirtschaften. Stars sind also gewissermaßen **Sicherheitspolster für die Zukunft**.

Cash cows

Bei den **Cash cows** befindet sich das Produkt in der Mitte bzw. am Ende des Produktlebenszyklus; der **Markt und die Produkte sind ausgereift**. Es gibt relativ wenig Neukunden, die Käufer sind größtenteils Wiederholungskäufer. Das Unternehmen muss in diese Produkte relativ **wenig investieren**, da sowohl Produktionsprozess als auch die Markenbekanntheit ausgereift sind.

Da die Cash cow eine Marktführerschaft innehat, kann sie auf Grund der **geringen Stückkosten hohe Gewinne** erwirtschaften. Mit diesen

Cash cows sind die heutigen »Ernährer«

Gewinnen werden die Question marks, die Poor dogs und eventuell die Stars finanziert. Cash cows sind also die heutigen »Ernährer« mit allerdings **unterdurchschnittlichen Zukunftsaussichten**.

Poor dogs

Der Markt der **Poor dogs** ist genauso ausgereift wie der der Milchkühe, allerdings hat hier das Unternehmen eine erheblich schlechtere Ausgangslage.

Auf Grund des **geringen relativen Marktanteils** kann es nicht so kostengünstig produzieren (oder es muss höhere Werbeausgaben tätigen) wie die Konkurrenz. Grund: Die Fixkosten verteilen sich auf erheblich weniger produzierte Stücke. Da das Produkt – der Markt –

aber bereits ausgereift ist, sind dort **keine großen Wachstumsraten** zu erwarten: **Investitionen lohnen** sich also **nicht**.

Zusammenfassend lässt sich sagen: Es ist wichtig, dass ein Unternehmen nicht nur in einem Segment vertreten ist, es kommt auf eine **gute Mischung in allen Segmenten** (ausgenommen Poor dogs) an. Ansonsten kann das Unternehmen z. B.

- keine guten Zukunftsaussichten haben (nur Cash cows, aber keine Stars) oder
- zwar gute Zukunftsaussichten haben, aber keine Mittel, um in die Zukunft zu investieren oder sogar bis dahin zu überleben (viele Stars, aber keine Cash cows) oder
- weder Zukunfts- noch gute Gegenwartsperspektiven haben (nur Poor dogs).

3.4.2.2 SWOT-Analyse

Bereits bei der Beschreibung der strategischen Geschäftsfelder sind diese nach ihrer Marktposition unterteilt worden. Um aber genauere Strategieempfehlungen abgeben zu können, muss die Situation, in der sich das Unternehmen befindet, sehr viel eingehender untersucht werden. Aus den Chancen, Risiken, Stärken und Schwächen ergibt sich zusammengefasst die so genannte SWOT-Analyse. Es handelt sich hierbei wieder um eine Übertragung aus dem Amerikanischen.

SWOT steht für:
Strength (Stärke)
Weakness (Schwäche)
Opportunities (Chancen)
Threats (Risiken)

Bevor das Unternehmen die **eigene Situation** (Stärken/Schwächen) analysiert, sind die **Umfeldbedingungen** (Chancen/Risiken) zu untersuchen. Diese Reihenfolge empfiehlt sich deshalb, weil auch bei der besten eigenen Situation die Umfeldentwicklung für den Gesamterfolg entscheidend ist.

Bei den **Chancen und Risiken** handelt es sich um **Ereignisse, die das Unternehmen nicht beeinflussen kann** (Bevölkerungsentwicklung, Gesetzesänderungen, Maßnahmen der Konkurrenz, technologische Erfindungen, die nicht selbst entwickelt werden), die jedoch das Unternehmen und eventuell die gesamte Branche betreffen (positiv wie negativ).

Chancen und Risiken

> **Beispiel**
>
> So kann z. B. ein Betreiber einer Skiliftanlage die modernste Ausstattung, das beste Image und die motiviertesten Mitarbeiter haben, er wird trotzdem keinen Erfolg haben, wenn ein Beschluss der Kommunalverwaltung zu erwarten ist, das Skigebiet in ein Naturschutzgebiet zu renaturieren, in dem natürlich kein Freizeitsport mehr betrieben werden darf.

Auswirkungen auf das eigene Unternehmen beurteilen

Um die Erfolgschancen zu beurteilen, müssen also zunächst die Chancen und Risiken ermittelt und die Auswirkungen auf das eigene Unternehmen beurteilt werden. Bei den Chancen und Risiken ist es sinnvoll, die zu erwartenden Ereignisse zu gewichten hinsichtlich
- der **Eintrittswahrscheinlichkeit** und
- der **Attraktivität** (bzw. des Gefährdungspotenzials) für das eigene Unternehmen.

Unter Attraktivität ist der positive Einfluss auf den Umsatz/Gewinn des Geschäftsfeldes zu verstehen und unter Gefährdungspotenzial der entsprechende negative Einfluss.

Abb. 3.5: Chancen/Risiko-Matrix

> **Beispiel**
>
> Für einen Mobilfunkanbieter ist es eine große Chance, dass z. B. die Einstellung älterer Menschen zur Mobilität und Technologie positiver geworden ist. Ein entsprechendes Risiko könnte es sein, wenn festgestellt wird, dass das Telefonieren mit Handys Gesundheitsschäden auf Grund des Elektrosmogs hervorrufen kann und das Unternehmen Handys mit einer besonders hohen Leistung benötigt.

Im Sektor B handelt es sich um eine große Attraktivität (oder ein großes Gefährdungspotenzial), deren Eintreten zudem sehr wahrscheinlich ist, während Sektor D den Fall skizziert, dass die Eintrittswahrscheinlichkeit zwar gering ist, bei Eintreten jedoch hohe Gewinne oder hohe Verluste zu erwarten sind.

 Der Marketer sollte hier – insbesondere für den Sektor B – »Schubladenpläne« entwickeln, um unmittelbar auf das Eintreten dieser Tatsache reagieren zu können.

Pläne für die Sektoren A und C sind i. d. R. im Voraus entbehrlich.

Nach der Umfeldbetrachtung sollte der Unternehmer seine eigene Situation analysieren, d. h. die eigenen Stärken und Schwächen untersuchen und bewerten. Bei den **Stärken und Schwächen** handelt es sich um **Eigenschaften oder Ereignisse, die das Unternehmen selbst beeinflussen kann**.
    Die Untersuchung der Stärken und Schwächen des Unternehmens bzw. seiner einzelnen strategischen Geschäftsfelder darf sich nicht auf die Marktposition beschränken, sondern sollte alle Unternehmensbereiche umfassen. So ist es z. B. auch wichtig, ob das Unternehmen über genügend Eigenkapital verfügt, um seine Chancen zur Marktentwicklung auch realisieren zu können. Insoweit ist die SWOT-Analyse **keine marketingspezifische Aufgabe**, sondern durchzieht das gesamte Unternehmen.
    Die **Beurteilung** sollte **im Vergleich zu den wichtigsten Konkurrenten** erfolgen, denn wenn die Konkurrenten nur je einen Marktanteil kleiner als 5 % vorweisen, kann ein eigener Marktanteil von 10 % eine große Stärke sein, haben jedoch 2 Konkurrenten einen Marktanteil von jeweils 20 %, stellt der gleiche prozentuale Marktanteil eher eine Schwäche dar.
    Den Auftrag der Stärken/Schwächen-Analyse sollte man entweder an ein externes Unternehmen vergeben oder versuchen, die Eigenschaften oder Ereignisse **tendenziell** zu **überzeichnen**. Hierdurch kann die Entscheidungsfindung erleichtert werden. Nach der Beurteilung der einzelnen Faktoren muss noch bewertet werden, ob die **einzelnen Leistungsausprägungen wichtig oder unwichtig** für den Erfolg bzw. die Gewinnentwicklung des Unternehmens sind.
    Die folgende Abbildung stellt eine nützliche Checkliste für die Ermittlung der Stärken und Schwächen dar. Hier sind jedoch nur beispielhaft einige Elemente aufgeführt, die in jedem konkreten Fall genauer spezifiziert bzw. ergänzt werden müssen.

Stärken und Schwächen

	Leistungsbeurteilung		Erfolgswichtigkeit
	große Stärke ...	große Schwäche	wichtig ... unwichtig
A Marketingausprägungen • Image • Bekanntheitsgrad • Kundenloyalität • Stellung der Produkte im Lebenszyklus			
B Finanzierung • Eigenkapitalreserven • Möglichkeiten der Kreditaufnahme • Zinsbelastungen			
C Produktion und Beschaffung • Kapazitätsengpässe • Quantitative und qualitative Beschaffung • Flexibilität in der Produktion • Kundenorientierte Produktion • Termingenauigkeit • Kostenvorteile			
D Personal • Qualität des Top- und Middle-Managements • Qualität und Motivation der Mitarbeiter • Kundenorientierung bei den Mitarbeitern • Flexibilität/Anpassungsfähigkeit			
E Standorte • Nähe zum Absatzmarkt • Nähe zu Rohstoffvorkommen • Standortkosten/Steuern • Umweltauflagen bei der Produktion • Verkehrsanbindung			
F Vertrieb • Anzahl Vertriebsstätten • Lage und Kosten der Vertriebsorte • Distributionsdichte			
G Interne Fähigkeitspotenziale • Kooperationsfähigkeit • Arbeitsklima • »Stil« • »Selbstverständnis«			

Abb. 3.6: Stärken/Schwächen-Checkliste

Die folgende Matrix zeigt, welche Aktionen bei den einzelnen Konstellationen sinnvoll sind.

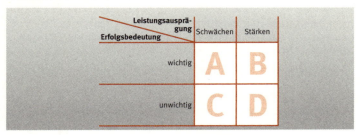

Abb. 3.7: Empfehlungen auf Grund der Stärken/Schwächen-Analyse

Die Abbildung verdeutlicht, dass nicht jede Stärke untermauert werden muss, denn u. U. hat das Unternehmen viel Geld in Stärken investiert, die für die Kunden absolut unwichtig sind, also eine geringe Erfolgswichtigkeit aufweisen (Feld D). Andererseits muss eine Schwäche, wenn sie nicht wichtig ist, nicht unbedingt behoben werden (Feld C).

Nicht jede Stärke ausbauen

Sinnvoll ist es bei der Stärken/Schwächen-Analyse, sich **nicht auf die Stärken und Schwächen einzelner Abteilungen** zu **beschränken**. Der Grad der Zusammenarbeit, das Betriebsklima und der »Stil« des Unternehmens sind ebenso wichtige Faktoren für den Unternehmenserfolg. So ist z. B. die Zusammenarbeit zwischen dem Vertrieb und der F&E-Abteilung bei technischen Industrieprodukten sehr wichtig, damit Verbesserungswünsche der Kunden über die Vertreter an die F&E-Abteilung weitergegeben werden. Zusammengefasst sind diese Eigenschaften in der Checkliste unter der Rubrik »**Fähigkeitspotenziale**«. Die Boston Consulting Group erachtet diese Fähigkeitspotenziale für so wichtig, dass sie hierbei bereits von einem »Wettbewerb der Fähigkeitspotenziale« spricht, der den Konkurrenzkampf entscheidend prägt.

Grad der Zusammenarbeit = wichtiger Faktor für den Unternehmenserfolg

 Die größten Marktchancen ergeben sich naturgemäß in den Situationen, in denen Chancen mit großer Erfolgswahrscheinlichkeit mit einer unternehmensinternen Stärke zusammentreffen.

Beispiel

Der Wegfall des Verbotes der vergleichenden Werbung ist insbesondere für Unternehmen positiv, die gegenüber dem wichtigsten Konkurrenten die gleiche Qualität zu niedrigeren Preisen anbieten.

3.4.3 Zielformulierung

Der **Zweck** der Formulierung von Zielen ist – ähnlich wie bei der Strategieformulierung – die **Unterstützung bei der Auswahl des Instrumenteneinsatzes**. Die erwartete Zielerreichung der geplanten Maßnahmen wird dabei zum Maßstab dafür, welches Instrument ergriffen werden soll. (Die genauen Anforderungen an die Zielformulierung und -kommunikation sind bereits beschrieben worden.)

3.4.4 Strategieformulierung

Es ist leicht verständlich, dass es *die* richtige Strategie für alle Anbieter in einer Branche nicht gibt. Die Strategie ist von vielen Faktoren abhängig, wie z. B. Firmengeschichte, Kernkompetenzen, Wettbewerbssituation, Stärken und Schwächen usw.

> **Beispiel**
>
> So sind in der deutschen Automobilindustrie z. B. Mercedes, Porsche und VW durchaus erfolgreich, obwohl sie unterschiedliche Strategien verfolgen. Der Wettbewerb besteht hier nicht mehr auf dem gesamten Pkw-Markt, sondern eigentlich nur zwischen den Anbietern, die die gleiche Strategie verfolgen (z. B. zwischen Porsche, Ferrari und Lotus).

Strategieempfehlungen

Ausgehend von der Einteilung in die 4 Felder der Portfolioanalyse können auch die entsprechenden Strategieempfehlungen anschaulich dargestellt werden. Neben der Einzelentscheidung ist jedoch, wie oben diskutiert, die Ausgewogenheit aller Ebenen wichtig.

Grundsätzlich gilt:

- Für **Cash cows** bietet sich eine **Markterhaltungs- und Kundenbindungsstrategie** an.
- Für **Stars** ist eine **Marktentwicklungsstrategie** grundsätzlich sinnvoll; allerdings sollte man darauf achten, nicht zu viele Stars zu besitzen, sondern besser in einige wenige viel investieren (»klotzen statt kleckern«).
- Für die **Question marks** ist **zunächst** eine detaillierte **Analyse** erforderlich, auf Grund derer man entscheiden kann, in das strategische Geschäftsfeld zu investieren oder sich möglichst bald davon zu trennen.
- Für die **Poor dogs** empfiehlt sich eine möglichst baldige Trennung durch **Verkauf oder Aufgabe** des Zweiges, zumindest sollte nicht mehr in das Produkt investiert werden. Ist der Gewinn noch zufrie-

den stellend, kann ein Produkt/Zweig auch noch auf dem Markt belassen werden, jedoch ohne zusätzliches Geld einzusetzen (**Erntestrategie**).

Um dieses Verfahren noch etwas zu verfeinern, wird die 4-Feld-Matrix in eine 9-Feld-Matrix umgewandelt; neben den Beschreibungen »klein/niedrig« und »groß«, wird für jedes Segment (relativer Marktanteil und Marktwachstum) noch ein Feld »mittel« eingefügt.

- Alle strategischen Geschäftsfelder, die sich **oberhalb der 45-Grad-Linie** befinden, sollten eine **Ausbaustrategie** verfolgen. Hierfür sind finanzielle Mittel erforderlich, es muss also investiert werden.
- Alle strategischen Geschäftsfelder, die **unterhalb der 45-Grad-Linie** liegen, sollten eine **Markterhaltungs- oder Abbaustrategie** verfolgen. Hier sind keine oder wenige Investitionen erforderlich, die Gewinne sollten jetzt abgeschöpft werden (Erntezeit).
- Strategische Geschäftsfelder, die sich **auf oder nahe der 45-Grad-Linie** befinden, sollten differenzierter betrachtet werden; hier empfiehlt sich eine **selektive Strategie**.

		Relativer Marktanteil/Unternehmensstärke		
		klein	mittel	hoch
Marktwachstum	hoch	**Feld 1 = selektiver Ausbau** • Konzentration auf größte Stärken, • selektiver Abbau von Schwächen, • Abbau bei keinen deutlichen Stärken	**Feld 2 = Ausbau mit Investitionen** • Marktführerschaft anstreben, • wichtige Schwächen abbauen, • wichtige Stärken ausbauen	**Feld 3 = Position verteidigen** • etwaige Schwächen abbauen, • Investitionen, um wichtige Stärken zu erhalten
	mittel	**Feld 4 = begrenzte Erweiterung** • nur risikoarme Investitionen durchführen	**Feld 5 = Gewinnabschöpfung** • Verteidigung der Position, • Investition in gewinnträchtigste Segmente	**Feld 6 = ausgesuchte Erweiterungen** • hohe Investitionen in zukunftsstärkste Segmente, • Investition, um Konkurrenzattacken vorzubeugen, • Ausbau der wichtigen Stärken, • Verbesserung der Gewinne durch Produktivitätssteigerungen
	klein	**Feld 7 = Abbaustrategie** • Senkung der Fixkosten, • prüfen, ob Verkauf möglich	**Feld 8 = jetzige Gewinnmitnahmen** • Verteidigung der Position, • wenige oder keine Investitionen	**Feld 9 = Gewinnmitnahmen und Schwerpunktverlagerung** • Konzentration auf attraktivste Segmente, • Verteidigung der wichtigen Stärken, • Beibehaltung der Gewinnströme

Abb. 3.8: Strategiealternativen anhand der 9-Feld-Matrix

Zwei Grundüberlegungen

Die hier dargestellten strategischen Überlegungen lassen sich in zwei Grundüberlegungen zusammenfassen:
- **Streben nach hohen relativen Marktanteilen** auf den einzelnen Teilmärkten, um Kostenvorteile (Degression der Stückkosten und Lerneffekt) und eine große Wettbewerbsmacht zu erreichen.
- **Ausgewogenheit in den einzelnen Geschäftsfeldern** zum Erreichen eines harmonischen Gesamtportfolios (Kompensation der heutigen und zukünftigen Ertrags- und Liquiditätsdefizite/-überschüsse)

Dennoch sollen einige **Kritik- und Problempunkte** aufgeführt werden, die die Entwicklung veränderter strategischer Modelle nahe gelegt haben:
- Die Beurteilung des Marktes allein an dem Faktor »Wachstum« ist zu verkürzt und berücksichtigt einige wichtige Faktoren überhaupt nicht (z. B. Eintritts-, Austrittsbarrieren, Nachfragemacht, staatliche Reglementierungen usw.).
  Mögliche Problemlösung: »Marktattraktivität« an Stelle des Marktwachstums berücksichtigen.
- Ein negatives Wachstum wird nicht berücksichtigt, das ist jedoch zumindest heute realitätsfern.
  Mögliche Problemlösung: Die Gruppen »Underdog« (Negativwachstum und geringer relativer Marktanteil) und »Bucket« (Negativwachstum und hoher relativer Marktanteil) in das Modell integrieren.
- Das Kriterium »Relativer Marktanteil« ist für die Darstellung der eigenen Unternehmensstärke nicht ausreichend.
  Mögliche Problemlösung: Verwendung individueller Kriterien, z. B. »Wettbewerbsposition«.

3.4.5 Planung des Einsatzes der Marketinginstrumente

Nach der Strategieformulierung und in Kenntnis der zur Verfügung stehenden Ressourcen (Geld, Anzahl Vertriebsstellen, Mitarbeiter in den Marketingabteilungen usw.) können die einzelnen Maßnahmen aufeinander abgestimmt geplant werden. Der Einsatz der einzelnen Marketinginstrumente und ihre gegenseitige Abhängigkeit ist so vielschichtig, dass hierauf in einem gesonderten Buch zum Thema eingegangen wird.

3.4.6 Durchführung

Häufig wird in Lehrbüchern, Vorträgen und Konzepten von Unternehmensberatern die Durchführung der beschlossenen Maßnahmen mit keinem Wort erwähnt. Es scheint selbstverständlich zu sein, oder es werden hier keine Probleme erwartet. Hier wird die These vertreten, dass die **Durchführung** der beschlossenen Maßnahmen ein ganz **entscheidender Faktor im Wettbewerb** ist. Viele Strategien sind sehr Erfolg versprechend, doch scheitert der Erfolg häufig daran, dass die Maßnahmen schlecht durchgeführt, teurer als geplant oder zu spät realisiert werden. Der Sachverstand der Marketer, ihr Engagement und ihre Kompetenzen sind hier entscheidend.

Zu schlecht? Zu teuer? Zu spät?

3.4.7 Kontrolle und Feed-back

Kontrolle ist entscheidend für die Erfolgsmessung. Messungen und Kontrollen sollten hierbei so zeitnah wie möglich durchgeführt werden, um gegebenenfalls noch Änderungen bei geplanten Maßnahmen vornehmen zu können.

Messungen und Kontrollen zeitnah durchführen

> **Beispiel**
>
> Bei Direktwerbesendungen im Fernsehen (= Werbespots, bei denen eine Telefonnummer eingeblendet wird, unter der man das Produkt direkt bestellen kann) können noch am gleichen Tag die eingegangenen Anrufe gemessen werden. Kurzfristig kann so die Anzahl der Telefonisten verändert werden, die Sendezeiten verschoben werden usw.

Zudem ist eine **Kontrolle unerlässlich für die Planung zukünftiger Maßnahmen.** Gerade auf Märkten mit kurzfristig stark veränderlichen Situationen ist die kurzfristige Kontrolle überlebenswichtig, um rechtzeitig Anpassungen vornehmen zu können. Wichtig ist, dass neben der Feststellung der Abweichung zwischen Ziel und tatsächlichem Ist auch eine Analyse durchgeführt wird, worauf diese Abweichungen zurückzuführen sind. Diese Analyse hilft, Fehler in der Zukunft zu vermeiden und fördert das Arbeiten in einem »angstfreien Arbeitsklima«.

Ursachenanalyse wichtig

Nach der Kontrolle muss auch ein entsprechender **Feed-back-Prozess** bei allen Beteiligten einsetzen und **gegebenenfalls** eine **Anpassung** der Planungsschritte vorgenommen werden.

> **VERSTÄNDNISFRAGEN**
>
> 14. Beschreiben Sie die Zusammenhänge zwischen Zielen, Strategien und Taktik.
> 15. Nehmen Sie Stellung zu der Aussage: »Strategien sind sinnlos, entweder sieht die Zukunft anders aus als geplant oder die Strategien engen den Entscheidungsspielraum so ein, dass bei

unerwarteten Zwischenfällen keine Anpassungsmaßnahmen mehr möglich sind«.
16. Was sind die Hauptaufgaben einer Unternehmens- bzw. Marketingstrategie?
17. Warum sollte bei strategischen Geschäftsfeldern eher von »Problemlösungen« als von Produkten gesprochen werden?
18. Welche Phasen durchläuft die Strategieplanung?
19. Was versteht man unter der Portfoliomethode der Boston Consulting Group?
20. Warum kann es problematisch sein, wenn ein Unternehmen nur »Stars« besitzt?
21. Halten Sie die SWOT-Analyse für ein nützliches Instrument, um die Zukunftsaussichten eines Unternehmen zu beurteilen?

3.5 Prüfungsaufgaben

Aufgabe 3.1: SWOT-Analyse

Die »Allzeit-Dach GmbH« produziert und vertreibt Dachziegel. Die Produktion erfolgt besonders umweltverträglich, zudem sind die Ziegel extrem lange haltbar. In der Forschungs- und Entwicklungsabteilung arbeiten die besten Fachleute der Branche. Die Produktionsanlagen selbst befinden sich auf dem neuesten Stand der Technik.

Die Absatzlage ist momentan so gut, dass eine Menge Kapital vorhanden ist, dass es aber auch vermehrt zu großen Produktionsengpässen kommt. Das Betriebsklima ist herausragend, sodass sich die Arbeiter trotz untertariflicher Bezahlung um eine Stelle bei Allzeit-Dach reißen. Lediglich die Verkaufsmitarbeiter sind wenig motiviert, da auch sie untertariflich entlohnt werden und sehr weit reisen müssen (es gibt keine Verkaufsaußenstellen).

In der Nähe von Allzeit-Dach befinden sich 5 Fertighaushersteller. Außerdem gibt es in 10 km Entfernung eine Autobahn und einen direkten Bahnanschluss.

In den nächsten Jahren sind neue Gesetze zu erwarten, die Subventionen für umweltfreundliche Bauweise versprechen. Die Konkurrenz besteht zur Zeit aus 3 kleineren Herstellern und einem Riesenunternehmen, das absoluter Billiganbieter ist, nur Massenware produziert und Standardmaterial verwendet.

Fragen

a) Erstellen Sie eine SWOT-Analyse. Falls Ihnen Annahmen fehlen, bilden Sie entsprechend logische.

b) Stellen Sie ein geschlossenes Zielsystem für dieses Unternehmen auf, angefangen bei den Basic beliefs bis hin zu den Bereichszielen für die Bereiche:
- Marketing,
- Produktion,
- Vertrieb,
- Finanzierung.

c) Überprüfen Sie, ob Ihre gewählten Ziele die Oberziele und Basic beliefs unterstützen und ob die Bereichsziele sich nicht gegenseitig beeinträchtigen.

Aufgabe 3.2: Strategische Geschäftsfelder
Die Unternehmensleitung der Baubeton AG interessiert sich dafür, wie die eigenen Produkte am Markt positioniert sind. Der ihr direkt zugeordnete Stab Produktplanung erhält die Aufgabe, eine entsprechende Untersuchung durchzuführen. Nach einigen Wochen liefert Ihnen die Leiterin der Produktionsplanung folgende Daten:

Produkt	Marktanteil in %	Marktwachstum in %/Jahr
Randsteine	13	2
Kantensteine	11	5
Betonfarbe	5	8
»ÖKO-Beton 2000«	12	18
Betonfarbe (Anti-Graffiti)	7	17

Anmerkung: In diesem Markt gilt ein Marktanteil ab 10% und ein Marktwachstum ab 10% pro Jahr als hoch. Ein Marktanteil/Marktwachstum über je 20% kommt nicht vor.

FRAGEN

a) Erstellen Sie das Portfolio nach der Boston Consulting Group (4-Feld-Matrix) und positionieren Sie die o. a. Produkte in dieser Matrix. Benennen Sie dabei auch die einzelnen Felder der Matrix.

b) Analysieren Sie die Lage des Unternehmens: Wo sehen Sie Pluspunkte, wo Schwachstellen? Gehen Sie dabei auf die Gewinn- und Liquiditätssituation sowie auf die Zukunftsaussichten ein.

c) Charakterisieren Sie eine Strategische Geschäftseinheit, die nach der 4-Feld-Matrix der Boston-Consulting Group als »Star«

zu beschreiben ist. Durch welche Eigenschaften zeichnet sich ein Star aus?

d) Welche Empfehlungen gelten für das Marketing, mit welcher Strategie ist ein Star zu führen?

e) Kritisieren Sie die Portfolioanalyse! Nennen und erläutern Sie möglichst viele Kritikpunkte (Minus-/Pluspunkte) der Methode.

4 ÜBERBLICK ÜBER MARKETINGSTRATEGIEN

4.1	MARKTFELDSTRATEGIEN	57
4.1.1	Marktdurchdringung	57
4.1.2	Marktentwicklungsstrategie	60
4.1.3	Produktentwicklungsstrategie	62
4.1.4	Diversifikation	64
4.1.5	Kombinationen innerhalb der Marktfeldstrategien	66
4.1.6	Kritik an den Marktfeldstrategien	66
4.2	MARKTSTIMULATION	67
4.2.1	Präferenzstrategie	70
4.2.2	Preis-Mengen-Strategie	71
4.3	MARKTPARZELLIERUNG	73
4.3.1	Einteilung der Marktparzellierungsstrategien	73
4.3.2	Massenmarktstrategien	74
4.3.3	Marktsegmentierungsstrategien	74
4.4	MARKTAREALSTRATEGIEN	77
4.5	STRATEGIEKOMBINATIONEN	79
4.6	PRÜFUNGSAUFGABEN	82

Nachdem Sie sich mit den Phasen beschäftigt haben, die bei der Erarbeitung einer Strategie durchlaufen werden, befassen wir uns im Folgenden mit einer Vielzahl von konkreten Strategieformen. Da es unterschiedliche Situationen
- im eigenen Unternehmen,
- im Wettbewerb,
- beim sonstigen Umfeld (Gesetze, neue Erfindungen) usw.

gibt, ist es unumgänglich, dass Sie sich auch mit einer Vielzahl von Strategievarianten (mit vielfältigen Einteilungs- und Klassifizierungsmöglichkeiten) beschäftigen müssen.

Instrumente werden aus der Marketingstrategie abgeleitet

Wichtig ist, um es noch einmal zu betonen, dass Marketingstrategien sich nicht aus den Instrumentarien heraus entwickeln, sondern dass umgekehrt die Instrumente aus den Marketingstrategien abgeleitet werden.

 Die Strategie bestimmt Art, Richtung, Intensität und Gewichtung des Instrumenteneinsatzes.

Strategieeinteilung

Die Strategien können unterteilt werden in
1. **Strategien, wie** ein Markt bearbeitet werden soll, das sind:
   - **Marktfeldstrategien**: Welcher Markt (Produkt-/Kundenkombination) soll angegangen werden?
   - **Marktstimulierungsstrategien**: Wie (mit welchen marketingpolitischen Instrumenten) sollen Präferenzen entwickelt werden?
   - **Marktparzellierungsstrategien**: Welche grundlegende Unterteilung eines Marktes ist sinnvoll (bzw. ist überhaupt eine Unterteilung sinnvoll)?
   - **Marktarealstrategien**: Mit welcher räumlichen Ausdehnung sollen die Strategien verfolgt werden?
2. **Strategien**, die sich damit beschäftigen, mit welcher »**Macht**« sich das Unternehmen dem Markt widmet (Rückzugs-, Behauptungs- und Ausbaustrategien, Wettbewerbsstrategien).

Lernziele

Nach Bearbeitung dieses Kapitels sollten Sie:
- grundlegende Strategiemöglichkeiten für Unternehmen kennen,
- die Risiken und Synergiemöglichkeiten der verschiedenen Strategien beurteilen und bewerten können,
- erklären können, warum die Preis-Mengen-Strategie oder die »Nicht-reine Preis-Mengen-Strategie« in einer Situation mit hoher Arbeitslosigkeit und niedrigen Einkommenszuwächsen beispielsweise in der Lebensmittel- und Bekleidungsindustrie erfolgreich sein könnte,

- erklären können, dass es nicht nur darauf ankommt, neue Produkte zu entwickeln, sondern dass das Timing der Produktentwicklung entscheidend für die Gewinnsituation ist,
- erklären können, warum sich die Marktsegmentierung immer mehr durchsetzt und was die Anforderungen an ein Marktsegment sind.

4.1 MARKTFELDSTRATEGIEN

Marktfeldstrategien bestimmen die angestrebte Produkt-/Kundenkombination des Unternehmens: Welche Produkte bietet das Unternehmen welchen Kundengruppen an?

Anders ausgedrückt, ein Marktfeld bezeichnet
- einerseits die Zielgruppe, an die sich das Unternehmen wendet und
- andererseits die Problemlösungen (Produkte und Dienstleistungen), die es anbietet.

Die Darstellung anhand der »Produkt-Markt-Matrix« geht auf Ansoff zurück (Ansoff, 1966, S. 126 f.):

Wachstumsmöglichkeiten

		Märkte (= Kunden)	
		Ist	Plan
Produkte	Ist	Marktdurchdringung (Minimumstrategie)	Marktentwicklung (nahe liegende Strategie = Arrondierung)
	Plan	Produktentwicklung (Innovationsstrategie)	Diversifikation (Absicherungsstrategie)

Abb. 4.1: Wachstumsmöglichkeiten anhand der Marktfeldstrategie

Es gibt also folgende 4 Wachstumsmöglichkeiten:
- Marktdurchdringung: Erhöhter Verkauf von **gegenwärtigen Produkten** an die **gegenwärtigen Kunden**,
- Marktentwicklung: Verkauf von **gegenwärtigen Produkten** an **neue Zielgruppen**,
- Produktentwicklung: Verkauf von **neuen Produkten** an den **gegenwärtigen Zielmarkt**,
- Diversifikation: Verkauf von **neuen Produkten** an **neue Zielgruppen**.

4.1.1 Marktdurchdringung

Die Marktdurchdringungsstrategie ist die **natürlichste aller Wachstumsmöglichkeiten**, denn hier kennt sich der Marketer am besten aus, er vertreibt seine ihm gut bekannten Produkte an die von ihm schon

»Urzelle« aller Marketingstrategien

**Marktdurchdringung =
Vorhandene Produkte an
vorhandene Kunden**

lange bearbeitete Zielgruppe. Diese Marketingstrategie wird daher auch als »Urzelle« aller Marketingstrategien bezeichnet. Sie ist die **Strategie mit den geringsten Risiken**, da das Unternehmen alle Einflussfaktoren besser kennt als bei den anderen Feldern. Ziel dieser Strategie ist es, Umsatz und Gewinn zu steigern durch:
- höhere Umsätze (Stückerträge), ggf. sogar durch stärkere Preismacht, da der Absatz gestiegen ist;
- Senkung der Stückkosten durch Economies of scale und Nutzung der Kostenvorteile anhand der Erfahrungskurve.

Sie erinnern sich bestimmt an die Formel:

Umsatz (U) = Preis (p) · Menge (x)

Der Umsatz kann also entweder durch Preiserhöhungen und/oder durch Mengenerhöhungen beeinflusst werden.

O.g. Formel kann spezifiziert werden, indem die Bestimmungsgründe der Menge differenziert werden:

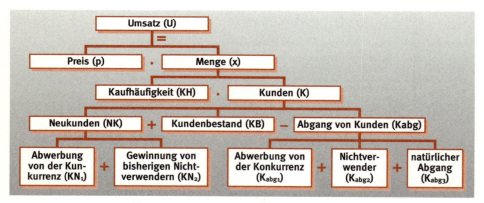

Abb. 4.2: Bestimmungsgründe für den Umsatz

Hieraus ergibt sich dann die Umsatzformel:

$$U = p \cdot [KH \cdot (KN_1 + KN_2 + KB - K_{abg})]$$

Wie können nun diese einzelnen Einflussfaktoren beeinflusst werden?

Steigerung des Preises

Der **Preis** kann u. U. gesteigert werden, wenn durch einen gestiegenen Marktanteil die **Verhandlungsmacht des Anbieters** gegenüber Kunden und Handel steigt und auf diese Weise ein Preiserhöhungsspielraum entsteht. Auf die unterschiedlichen Möglichkeiten, den Preis weiter zu differenzieren, z. B. durch Rabatte, Skonti, Zu- oder Abschläge je nach Menge usw., wird detailliert in einem weiteren Buch zum Thema eingegangen.

Die **Kaufhäufigkeit** wird gesteigert, wenn die **gleichen Kunden** das Produkt **häufiger verwenden**; dies wiederum kann erreicht werden durch:

Steigerung der Kaufhäufigkeit

- Produktverbesserungen, die eine **häufigere Nutzung** ermöglichen: z. B. »day for day«-Shampoo oder Leichtbier/alkoholfreies Bier
- Beschleunigung des Ersatzbedarfs durch **künstliche Obsoleszens**: z. B. Modewellen, Erschweren der Reparaturfähigkeit bei kleineren Elektrogeräten, sodass eine Reparatur nicht mehr lohnend ist, sondern ein Neukauf wirtschaftlicher ist, Softwareprogramme, die immer leistungsfähigere PC's erforderlich machen
- **Variation der Verkaufs-/Verpackungseinheiten**: Doppelpack bei T-Shirts, Getränke in Familienflaschen (in der Hoffnung, dass mehr getrunken wird oder ein Rest, der nicht mehr schmeckt, weggeschüttet wird), aber auch kleinere Einheiten – 0,3-ltr.-Dose, damit man das Lieblingsgetränk auch auf Reisen genießen kann
- Verbesserung der Erhältlichkeit durch eine **Steigerung des Distributionsgrades**, damit die Kunden nicht auf Konkurrenzprodukte umsteigen müssen (und am Ende noch daran Gefallen finden)

Die Gewinnung von **Neukunden** durch Abwerbung von der Konkurrenz geht mit der Gewinnung von bisherigen Nicht-Verwendern häufig Hand in Hand. Maßnahmen hierzu können sein:

Gewinnung von Neukunden

- **Produktverbesserungen** beim Grund- oder Zusatznutzen; das Produkt wird um Eigenschaften ergänzt, die Konkurrenzprodukte aufweisen oder die von Konkurrenzkunden geschätzt werden
- Entwicklung **neuer Produkteigenschaften**, die dazu führen, dass bisherige Nicht-Verwender zum Kauf angeregt werden, z. B. zuckerfreies Eis für Diabetiker; leichtgewichtige Bohrmaschinen, die auch von Frauen gerne bedient werden
- **Probierstände, Produktproben**, um das Produkt weiter bekannt zu machen
- **verstärkte Werbung**, um das Produkt weiter bekannt zu machen
- **Verbesserung der Erhältlichkeit**, Einschaltung vernachlässigter Vertriebswege
- **Preissenkungen**, um auch preisempfindliche Käuferschichten zu erreichen und **Preisdifferenzierungen** unter Berücksichtigung von Preisschwellen.

Verhinderung des Kundenabganges

Verhinderung des Kundenabganges; dieser Punkt wird oft noch zu sehr vernachlässigt. Das ist gewinnschädigend, denn: Es ist um ein Vielfaches teurer, neue Kunden zu gewinnen, als vorhandene Kunden zu erhalten. **Maßnahmen zur Kundenbindung** sind z. B. Treuerabatte, Magazine, Clubs, Zufriedenheitsabfragen, Beschwerdemanagement usw.

Wie Sie sehen, haben die meisten Instrumente **simultane Wirkung auf verschiedene Ziele**. So soll eine Produktverbesserung sowohl der Neukundengewinnung als auch der Steigerung der Kaufhäufigkeit dienen.

4.1.2 Marktentwicklungsstrategie

Marktentwicklung = Vorhandene Produkte für neue Zielmärkte

Marktentwicklung bedeutet Umsatzwachstum durch den Verkauf von **vorhandenen Produkten** auf **neuen Zielmärkten**. Man sucht bisher nicht gesehene oder nicht bearbeitete Nachbarmärkte. Es handelt sich hierbei um eine sehr nahe liegende Marketingstrategie, die auch »**Arrondierungsstrategie**« (Abrundungsstrategie) genannt wird.

Die Marktentwicklungsstrategie wird insbesondere von Unternehmen gewählt, die
- auf dem vorhandenen Markt bereits einen großen Marktanteil erreicht haben,
- ihren Marktanteil auf dem bestehenden Markt nicht oder nur zu unvertretbar hohen Kosten ausweiten können (Beispiel: Ausbau des Filialnetzes war für viele Banken zu teuer, Suche nach neuen Segmenten durch Gründung von Direktbanken),
- ungenutzte oder leicht nutzbare Kapazitätsreserven in der Produktion haben,
- bisher auf einem Markt agieren, der seine Sättigungsgrenze erreicht hat,
- Produkte anbieten, die am Ende des Produktlebenszyklus stehen, und daher Nachfragerückgänge zu erwarten sind.

Die neuen Zielmärkte können liegen:
1. in neuen Gebieten, also in einem neuen **Marktraum**,
2. in neuen **Teilmärkten**,
3. in **Zusatzmärkten**.

Neue Gebiete

Zu 1: Neue Gebiete = Marktraum; hier geht es darum, sich durch neue Vertriebswege oder Ausweitung der bestehenden Vertriebswege (Einstellung von mehr Handelsvertretern in anderen Gebieten) **regional, national, international auszuweiten**.

Zu 2: Neue Teilmärkte; Marketing und Vertrieb versuchen, **neue Zielgruppen** zu erschließen, die sich von bestehenden Kunden abheben; dies kann erreicht werden z. B. durch eine geringfügige Produktvariation.

Neue Teilmärkte

Beispiel

- Veränderung der Packungsgröße von Kondensmilch, sodass auch Büroangestellte, denen kein Kühlschrank zur Verfügung steht, das Produkt verwenden können
- Lebensmittel auch für Großkantine oder für Single-Haushalte.

Zu 3: Zusatzmärkte: dies geschieht i. d. R. durch eine **Funktionserweiterung beim Produkt**. Es ist oft gar nicht notwendig, die tatsächlichen Eigenschaften des Produktes zu verändern, es reicht aus, vorhandene Eigenschaften auszuloben, die vorher nicht bekannt waren oder nicht kommuniziert wurden.

Zusatzmärkte

Beispiel

- Essig auch als Reinigungsmittel und nicht nur als Gewürz
- Milchschnitte als Energiespender für Sportler und nicht nur als Süßigkeit für Kinder
- Penatencreme generell für empfindliche Haut und nicht nur für Babies

Die Strategievarianten 1 und 3 sind bereits Anfänge der später zu behandelnden Marktareal- und Marktparzellierungsstrategien. Der Unterschied besteht im Wesentlichen darin, dass die Erschließung von zusätzlichen Markträumen und Zusatzmärkten sich sehr an den Ursprungsmarkt anlehnt, sie stellen also nur begrenzt eigene Strategien dar. Hier zeigt sich, wie künstlich teilweise diese Klassifizierungen sind.

Alle Marktentwicklungsstrategien laufen darauf hinaus, **New Users** (neue Verwender für bestehende Produkte) oder **New Uses** (neue Verwendungszwecke bei bestehenden Kunden) zu entdecken. Diese Vorgehensweise wird als »**Market Stretching**« bezeichnet; bei Mischformen beider Strategierichtungen (New Users und New Uses) spricht man vom »Multiple Market Stretching«.

»Market Stretching« und »Multiple Market Stretching«

MARKTFELDSTRATEGIEN

4.1.3 Produktentwicklungsstrategie

Produktentwicklungsstrategie = Neue Produkte für vorhandene Zielgruppe

Bei der Produktentwicklungsstrategie geht es darum, die **vorhandene Zielgruppe** mit immer **neuen Produkten** an sich zu binden. Die Unternehmen nutzen, dass

- sie eine hohe Kenntnis über die Kundenbedürfnisse haben,
- sie die Wettbewerbssituation auf ihrem Markt genau kennen (Spielregeln auf dem Markt),
- eine hohe Kundenbindung an das Unternehmen gegeben ist, die nicht nur auf das Ursprungsprodukt zurückzuführen ist,
- sie ihr Image und ihre Bekanntheit auf die neuen Produkte übertragen können.

Der wichtigste Grund für diese Strategierichtung ist, dass **viele Märkte stagnieren** bzw. rückläufig sind. Zudem ist die Strategie nahe liegend, wenn das Unternehmen für sein Produktangebot hohe Kapazitäten vorhalten muss, die nicht immer ausgelastet sind, und das Unternehmen die neuen Produkte auf den vorhandenen Anlagen produzieren kann.

> **Beispiel**
>
> Die Hausbank bietet den bestehenden Kunden nun auch Versicherungen oder Reisen an. Diese Ausweitung der Dienstleistungspalette führt nur zu geringen Mehrkosten, im Wesentlichen Programmier- und (einmaliger) Personaltrainingsaufwand und Aufwand für Werbung. Kosten für Räume oder PC-Ausstattung etc. fallen hingegen nicht an. Insofern wirkt sich das höhere Ertragspotenzial aus dem Versicherungsgeschäft deutlich positiv aus.

Generell führt diese Strategie zu einer »**Produktentwicklungsinflation**« und dramatischer **Verkürzung des Produktlebenszyklus**. So ist der Begriff des »Innovationsmanagement« zu einem Thema geworden, mit dem sich alle großen Unternehmen beschäftigen (Siemens macht z. B. 50 % des Umsatzes mit Produkten, die erst vor 5 Jahren eingeführt wurden).

Innovationsmanagement

Der Zwang zur systematischen Produktneuentwicklung hat zu einer Innovationskultur geführt. **Die Innovationskultur muss systematisch entwickelt werden und setzt kreatives Mitarbeiterpotenzial und eine entsprechende Führungskultur voraus.** Leider wird die ebenso notwendige Produkteliminierung nicht genauso systematisch geplant, sondern vielfach erst dann realisiert, wenn der Markt das Unternehmen dazu

zwingt und das Produkt bereits keine Gewinne mehr erwirtschaftet. Bei den Produktentwicklungen kann man folgende Arten unterscheiden:
- **Echte Innovation**: neu für Firma und Markt (z. B. Scheidungsversicherung; Verpackungsmaterial aus nachwachsenden Rohstoffen)
- **Quasi neue Produkte**: neu für Firma und Markt, aber ähnliche Produkte auf verwandten Märkten sind bereits vorhanden (z. B. Übernahme des Telefonbankings für Bestellservice von einem Versandhandelsunternehmen)
- **Me-too Produkte**: neu für Firma, bekannt im Markt (z. B. Smart Kleinauto bei Mercedes; Einführung des Fondsgeschäftes bei der Postbank)

Arten von Produktentwicklungen

Bei der Aufgabe, neue Produkte auf den Markt zu bringen, ist man nicht auf die eigenen Produktionskapazitäten oder die Fähigkeiten der Forschungs- und Entwicklungsabteilung begrenzt. Durch Aufkauf von Patenten oder Übernahme fertiger Produkte anderer Hersteller lässt sich das eigene Produktsortiment z. B. sinnvoll ergänzen.

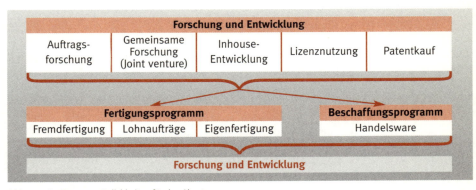

Abb. 4.3: Ergänzungsmöglichkeiten für das Absatzprogramm

Neben der reinen Produktentwicklung ist aber auch das **Timing der Entwicklung entscheidend**. Eine **zu späte Innovation** hat nicht nur **negative Einflüsse auf das Image und den Umsatz**, sondern – betrachtet man die Gewinn- und Liquiditätsentwicklung während des Produktlebenszyklus – auch **auf die Verstetigung der Gewinne und der Liquiditätssituation**.

Timing der Entwicklung

Ein Unternehmen muss bereits dann mit der Produktneuentwicklung beginnen, wenn vorhandene Produkte noch in der späten Wachstumsphase sind. Eine Neuentwicklung am Höhepunkt der Sättigungsphase bereits vorhandener Produkte kommt i. d. R. zu spät. Nur so kann es seine Gewinne verstetigen und genügend finanzielle Mittel haben, um die Vorlaufzeit (Ideenfindung, technische Realisierung bis zur Marktreife) überleben zu können bzw. Geld für die spätere Vermarktung der entwickelten Produkte zu haben. Wichtig ist, sich dabei **an der vermuteten Produktlebenszyklusentwicklung zu orientieren**.

Zusammenfassend kann man sagen, dass das Wachstum durch Produktinnovationen **größere Erfolge** als die Marktdurchdringungsstrategie haben kann, jedoch sind das **Risiko** eines technischen Fehlschlags sowie das Vermarktungrisiko auch um ein Vielfaches **höher**.

4.1.4 Diversifikation

Diversifikation = Neue Produkte an neue Zielgruppen

Die Diversifikation, d. h. der Verkauf von **neuen Produkten** an **neue Zielgruppen**, ist eine **typische Wachstumsform der Großunternehmen**. Die wesentlichen Gründe für Diversifikationsstrategien sind:

Gründe für Diversifikationsstrategie

- Ausweichen gegenüber einem dominanten Wettbewerber,
- Risikostreuung/Verringerung der Branchenabhängigkeit,
- Minderung der Abhängigkeit von den Stammkunden,
- Reinvestition von Gewinnen,
- Gewinn- und Machtstreben.

Kernidee der Diversifikationsstrategie ist die **Kombination der Markt- und Produktentwicklungsstrategie**; also eine Art »Ausbrechen« aus den bisherigen Aktionsfeldern.

Folgende Arten der Diversifikation werden unterschieden:
- horizontale Diversifikation
- vertikale Diversifikation
- laterale Diversifikation.

Horizontale Diversifikation

Horizontale Diversifikation: Hierunter versteht man die **Erweiterung der Angebotspalette innerhalb der gleichen »Branche«** (verwandte Produkte) **auf dem gleichen Markt** (Kunden); es handelt sich um eine Unterart der Sortimentserweiterung (Beispiel: Schokoladenhersteller bietet auch Hustenbonbons an).

Vertikale Diversifikation

Vertikale Diversifikation: Hierbei geht es um die **Übernahme von Produkten und Betrieben, die dem bisherigen Produkt vor- oder nachgelagert sind** (Beispiel: Ein Sägewerk kauft einen Forstbetrieb und einen Möbelhersteller).

In der heutigen Praxis ist allerdings eher eine entgegengesetzte Tendenz, nämlich die zum »**Outsourcing**«, festzustellen.

> **Beispiel**
>
> Automobilkonzerne konzentrieren sich auf ihr Kerngeschäft und vergeben die gesamte Herstellung des Kühlergrills mit integrierter Beleuchtung an einen Leuchtenhersteller oder gründen eine Tochtergesellschaft, die auch für andere Automobilhersteller produziert.

Ein **Problem** der vertikalen Diversifikation liegt darin, dass das Unternehmen bei der nach vorne gerichteten vertikalen Diversifikation seinen eigenen Kunden Konkurrenz macht. Zudem wird hiermit die Branchenabhängigkeit – ein Grund für Diversifizierungen – nicht beseitigt; d. h. die Risikosituation bleibt die gleiche, da man in der gleichen Branche bleibt.

Konkurrenz für eigene Kunden

Laterale Diversifikation: Hier besteht **kein ursächlicher oder direkt erkennbarer Zusammenhang zwischen altem und neuem Produkt** (Beispiel: Zigarettenhersteller vertreibt auch Lederwaren). Hier wird das Ziel der Risikostreuung am besten realisiert. Idealerweise verhält sich diese Branche im Konjunkturzyklus genau entgegengesetzt.

Laterale Diversifikation

> **Beispiel**
>
> Reisen und Modeartikel boomen im Konjunkturaufschwung, Lebensmitteldiscounter hingegen erzielen insbesondere in konjunkturellen Abschwungphasen gute Umsätze (Portfoliotheorie).

Trotz der Unterschiede wird auch bei der lateralen Diversifikation versucht, Synergieeffekte zu nutzen. Sie können in allen Bereichen auftreten, z. B.:
- Produktion, wenn mit der gleichen Anlage produziert werden kann,
- Vertrieb, wenn das gleiche Vertriebsnetz genutzt werden kann (Postbank verkauft z. B. auch Renten-Versicherungen),
- Einkauf, wenn in größeren Mengen eingekauft werden kann,
- Marketingsynergie, wenn z. B. die Kommunikation, das Image und der Bekanntheitsgrad auch auf die neue Marke abstrahlen,
- Verwaltung, wenn der gleiche Verwaltungsapparat genutzt werden kann.

Synergieeffekte der Diversifikation

Allerdings treten die Synergieeffekte nicht automatisch ein. Dies setzt **Kompetenz und Handlung des Managements** voraus. Es kann auch das Gegenteil eintreten. Wenn das Management keine Kompetenz auf dem neuen Markt hat und die Kenntnisse und Erfahrungen aus dem alten Markt einfach auf den neuen Markt überträgt, wirkt die Diversifikation schädigend für beide Unternehmensbereiche.

Voraussetzung für den Erfolg der lateralen Diversifikation ist zudem die **verbindende, zentrale Idee**, die alles zusammenhält und von einer **gemeinsamen Unternehmensphilosophie** getragen wird.

4.1.5 Kombinationen innerhalb der Marktfeldstrategien
Die Unternehmen – insbesondere ältere, etablierte Unternehmen – verfolgen zumeist nicht nur eine dieser Marktfeldstrategien, sondern sie **kombinieren mehrere dieser Wachstumsvektoren.**

Je nach gewählter Strategie ergeben sich unterschiedliche Nutzungsmöglichkeiten von Synergien und Risiken:

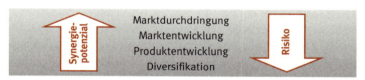

Abb. 4.4: *Abnehmendes Synergiepotenzial und zunehmendes Risiko bei den vier Marktfeldstrategien*

4.1.6 Kritik an den Marktfeldstrategien
An den Marktfeldstrategien wird kritisiert, dass sie:
- einseitig nur auf das Wachstum ausgerichtet sind und andere Unternehmensziele vernachlässigen,
- nur Phasen des Branchenwachstums betrachten, wohingegen in stagnierenden oder rückläufigen Märkten jedoch Strategien zur Desinvestition und zum Rückzug notwendig wären,
- sich einseitig auf den Markt (Kunden) konzentrieren und Aktionen der Wettbewerber und der Interessengruppen nicht berücksichtigen,
- eine systematische Stärken/Schwächen-Analyse für die Auswahl der zu verfolgenden Strategien nicht explizit berücksichtigen,
- keine Interdepenzen (gegenseitige Abhängigkeiten) zwischen verschiedenen Geschäftsfeldern in die Entscheidung einbeziehen.

Diese Kritik ist zwar zutreffend, dennoch ist es schwierig, bei der Strategieentwicklung alle denkbaren Einflussgrößen zu berücksichtigen, sodass der Ansatz von Ansoff in der Vergangenheit wie auch in der Ge-

genwart wertvolle Hinweise für die Strategieentwicklung liefert. Allerdings müssen bei der konkreten Umsetzung für die betriebliche Praxis die tatsächlichen Umwelteinflüsse und die Unternehmenssituation entsprechend berücksichtigt werden.

> **VERSTÄNDNISFRAGEN**
>
> 22. Welche Unterarten der Marktfeldstrategie kennen Sie?
> 23. Welche Möglichkeiten gibt es, innerhalb der Marktdurchdringungsstrategie den Umsatz zu erhöhen?
> 24. Welche Strategie würden Sie einem Unternehmen empfehlen, das kaum noch Wachstumsmöglichkeiten auf dem angestammten Markt hat und das eine enge Kundenbindung hat?
> 25. Welche Marktfeldstrategie hat das höchste und welche das niedrigste unternehmerische Risiko?
> 26. Welche Arten der Diversifikation gibt es?
> 27. Welche Synergien kann es bei der lateralen Diversifikation geben?
> 28. Nennen Sie einige Gründe für die Produktentwicklungsstrategie.
> 29. Was würden Sie an den Marktfeldstrategien kritisieren?

4.2 MARKTSTIMULATION

Nachdem die Frage, auf welcher Produkt-/Marktkombination man tätig sein will, beantwortet ist, muss nun geklärt werden, **wie** der Markt beeinflusst – also stimuliert werden soll.

Die **Beeinflussungsmöglichkeiten orientieren sich dabei häufig an den Schichten (Segmenten)** innerhalb eines Gesamtmarktes. So gibt es im Bekleidungsmarkt preissensible Kunden, modebewusste Käufer, statusorientierte Käufer usw.

Beeinflussungsmöglichkeiten

Unabhängig von der Anzahl der Schichten gibt es **zwei grundlegende Muster, um sich einen Wettbewerbsvorteil zu verschaffen**:
1. Schaffung von Preisvorteilen: **Preis-Mengen-Strategie**
2. Aufbau von Präferenzen für das eigene Produkt/Unternehmen: **Präferenz- oder Qualitätsstrategie**

Letztere Strategie wendet sich an die Käufergruppe, die bei ihrer Kaufentscheidung den Preis zwar auch bewertet, für die er jedoch nicht der entscheidende Kauffaktor ist. Es kommt diesen Kunden mehr auf Qualitäts- oder andere Unterschiede zwischen den Produkten an. Daher wird synonym für Präferenzstrategie auch der Begriff Differenzierungsstrategie verwendet. Er drückt aus, dass die Unternehmen bestrebt sind, wahrnehmbare Unterschiede zwischen sich und den Konkurrenzangeboten aufzubauen.

Die Unternehmen haben folgende Kombinationsmöglichkeiten zwischen Preis und Qualitätseigenschaften ihrer Produkte.

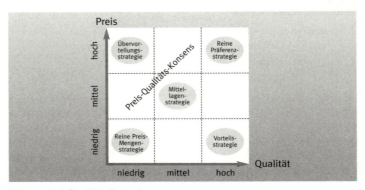

Abb. 4.5: Preis/Qualitäts-Strategien

Premium-, Mittellagen- und Billiganbieterstrategie nebeneinander möglich

Normalerweise können Premiumstrategie (= reine Präferenzstrategie), Mittellagenstrategie und Billiganbieterstrategie (= reine Preis-Mengen-Strategie) jeweils nebeneinander bestehen, da es Kunden gibt,
- die **stets den besten Nutzen** (Qualität) haben wollen – Kunden der Premiumanbieter,
- die **ausschließlich nach dem Preis** entscheiden – Kunden der Billiganbieter,
- die ein **Mischungsverhältnis** aus Preis und Leistung anstreben.

Die **reine Preis- oder reine Präferenzstrategie** bezeichnet man als symmetrische Positionen, weil dort Preis und Leistung in einem harmonischen Verhältnis stehen.

Die **Mittellagenstrategie** (mittlere Qualität zu einem mittleren Preis) ist auch eine reine oder symmetrische Strategie, die aber heutzutage immer problematischer wird (»stuck in the middle«), denn die Unternehmen in der Mittellagenstrategie werden zunehmend von Unternehmen, die eine (Preis-)Vorteilsstrategie verfolgen, angegriffen.

stuck in the middle

Vorteilsstrategien, d.h. mittlere oder hohe Qualität zu niedrigem Preis, sind zumeist typische Markteinführungsstrategien oder befristete Verkaufsförderungsaktionen.

Übervorteilungsstrategien (niedrige Qualität zu hohem Preis; z.B. überteuerte Speisen in einem Lokal) können sich nicht lange halten, da der Konsument auf günstigere Angebote ausweichen wird, sobald er die Situation bemerkt hat. Sie sind nur dann realisierbar, wenn der Konsument keine anderen Wahlmöglichkeiten hat; z. B. einziger Kiosk in einem Vergnügungspark.

Märkte sind keine statischen Größen, sondern dynamisch, d. h. veränderbar. Sie **haben ein hohes Aktions- und Reaktionspotenzial**.
Menschen und Unternehmen verändern sich von selbst und werden beeinflusst, sie reagieren also auf Reize.

Die Beeinflussung eines Käufers kann (aus Unternehmenssicht) sowohl durch Nicht-Marktteilnehmer (z. B. Schule, Kirchen, Parteien) als auch durch Wettbewerber (z. B. auf Grund von Produktangeboten, Werbemaßnahmen) und durch das eigene Unternehmen (z. B. auf Grund von Preissenkungen, Verpackungsänderung etc.) erfolgen.

Beeinflussung durch Nicht-Marktteilnehmer, Wettbewerber oder das eigene Unternehmen

Beispiel

- Ein bisheriger Käufer ist älter geworden und das Produkt passt nicht mehr zu ihm (hochmodische, extravagante Kleidung).
- Die Regierung führt eine Kampagne für Ökologieorientierung durch, die den Kunden von dem Kauf abhält (Kauf nur noch von Textilien aus Naturfaserprodukten).
- Konkurrenten bringen alternative, umweltorientierte Produkte auf den Markt.
- Das eigene Unternehmen erhöht den Preis, um die Fixkosten weiterhin decken zu können, weil die Umsätze gefallen sind.

Die Marketingverantwortlichen müssen also versuchen
1. die **externen Veränderungen** zu **erkennen** und diese gezielt zu nutzen (z. B. umweltverträgliche Produkte auf Grund der zunehmenden Umweltsensibilisierung der Bevölkerung anbieten),
2. **Märkte selbst** zu **gestalten** (Entwicklung eines neuen Marktes durch die Erfindung der Handys),
3. **Märkte** zu **beeinflussen** (Werbekampagnen, um die eigenen Produkte im Markt bekannter zu machen).

Um die Käufer (seien es Privatpersonen, Unternehmen oder die öffentliche Hand) zu stimulieren (beeinflussen), gibt es die beiden erwähnten grundlegenden Ansätze: Präferenzstrategie (Qualitäts- und Differenzierungsstrategie) und Preis-Mengen-Strategie. Auf beide wird im Folgenden näher eingegangen.

4.2.1 Präferenzstrategie

Bei der Präferenzstrategie versucht das Marketing, Kunden für sich zu gewinnen, indem es **Präferenzen bei den Käufern aufbaut, die nur das eigene Produkt/Unternehmen hat**. Daher ergeben sich folgende Fragen, auf deren Beantwortung später detailliert eingegangen wird:
- Wie bilden sich Präferenzen?
- Wie kann ich diese erkennen?
- Wie kann ich die Präferenzen nutzen?
- Wie kann ich die Präferenzen ändern bzw. beeinflussen?

Präferenzstrategie = Mehrdimensionale Strategie

Präferenzen können im Grund- oder Zusatznutzen liegen. Der **Grundnutzen** beschreibt den ursprünglichen Hauptzweck des Produktes (z. B. das Anzeigen der richtigen Uhrzeit bei einer Armbanduhr). Der **Zusatznutzen** dient der weiter gehenden Befriedigung der Bedürfnisse und Wünsche der Käufer (z. B. Streben nach Anerkennung, Unterstützung der Zugehörigkeit zu einer sozialen Schicht durch Tragen einer hochwertigen Rolex-Uhr). Zusatznutzen gibt es sowohl bei privaten wie industriellen Käufern.

 Je entwickelter die Wirtschaft und der technische Fortschritt, desto wichtiger wird der Zusatznutzen.

Da es eine unendliche Anzahl an Möglichkeiten gibt, Präferenzen zu bilden, handelt es sich bei der Präferenzstrategie um eine mehrdimensionale Strategie.

Sie hat das Ziel, beim Kunden Präferenzen (Qualität, guter Markenname usw.) für das Produkt oder das Unternehmen aufzubauen, um einen **hohen Preisspielraum (Monopolpreis)** durchzusetzen. Das Marketinginstrumentarium wird entsprechend in diese Richtung eingesetzt. Häufig übernehmen **Marken** die Rolle für die Präferenzbildung und -bestätigung.

Markenpolitik

Markenwirkung beim Verbraucher	Markenwirkung beim Unternehmen
• Orientierung • Vertrauen auf bekannte Qualität • Abbau von Unsicherheit • Emotionale Bedürfnisbefriedigung	• Differenzierung • Reduzierung der Werbeaufwendungen • Vermeidung der Anonymität • Reduzierung der Abwanderungsgefahr • Gewinnung von Vertrauen • Absatzförderung

Tab. 4.1: Markenwirkung

Generell kann im Konsumgütermarkt eine hohe Markenbereitschaft festgestellt werden; daher sind die Anstrengungen zum Aufbau eines Markennamens und der hohen Bekanntheit des Markennamens nachvollziehbar.

4.2.2 Preis-Mengen-Strategie

Bei der Preis-Mengen-Strategie konzentrieren sich alle Bemühungen darauf, den **Preis so niedrig wie möglich** zu halten, bestenfalls der preiswerteste Anbieter zu sein.

Diese Strategie ist dann **erfolgreich, wenn** der einzige oder der mit Abstand **wichtigste Kaufgrund der Preis** ist. Die Preis-Mengen-Strategie besagt nicht, dass auf Qualität oder Zusatznutzen gänzlich zu verzichten ist. Ziel ist es, **innerhalb** einer Qualitätsstufe der preiswerteste Anbieter zu sein.

Die Preis-Mengen-Strategie setzt fast ausschließlich den Preis als Marketinginstrument ein, um eine eindimensionale Präferenz zu schaffen (nur der Preis zählt). Zur Preispolitik zählen auch alle anderen Konditionen, z. B. Mengenrabatte usw.

Jeder Markt hat i. d. R. ein Erfolg versprechendes Segment der preisempfindlichen Kunden, allerdings ist die jeweilige Größe von Branche zu Branche stark unterschiedlich. Preisempfindliche Produkte sind beispielsweise:

- Heizöl,
- Benzin,
- Telefongespräche,
- Grundnahrungsmittel (Mehl, Zucker),
- standardisierte, normierte (DIN-Norm) Massenprodukte in der Industrie (Schrauben, Schmiermittel).

Preis-Mengen-Strategien können i. d. R. nur **große Unternehmen** fahren, da sie über **Kostenvorteile aus den Economies of scale und aus dem Erfahrungskurvenkonzept** verfügen oder solche Unternehmen, die dauerhaft standortbedingte oder nicht imitierbare Kostenvorteile haben.

Ein großes Problem der **Preisstrategie** ist, dass sie **instabiler als die Präferenzstrategie** ist, da der Kunde zu einem Konkurrenten wechselt, sobald dieser das Produkt (bei gleicher Qualität) preiswerter anbietet.

Hingegen ist es i. d. R. kurzfristig schwieriger, Qualitäten von Wettbewerbern zu imitieren (Dauerhaftigkeit des Wettbewerbsvorteils). Unterstützend wirkt hier die Gesetzgebung, die durch entsprechende Gesetze (Patentrecht, Markengesetz, Gebrauchsmusterschutz usw.) diese Wettbewerbsvorteile zeitlich befristet »zementiert«.

Marginalien:
Preis-Mengen-Strategie = eindimensionale Strategie

Kunde wechselt zur Konkurrenz, sobald diese preiswerter anbietet

Tendenziell könnte es zukünftig zu einem verstärkten Preiswettbewerb kommen, da viele Märkte preissensibler werden (z. B. auf Grund sinkender Einkommen, Globalisierung der Einkaufsmärkte bei Industrieprodukten) und die Preistransparenz durch neue Medien, wie das Internet, stetig steigt.

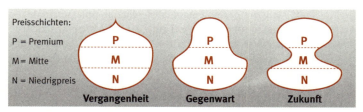

Abb. 4.6: Veränderungen der Preisschichten

Wie groß das einzelne Marktsegment (gemessen in Absatz/Menge oder in Umsatz/Wert) ist, kann nicht verallgemeinert gesagt werden. Während sich in der Vergangenheit eher eine Zwiebelform darstellte, ist in vielen Fällen heutzutage eine Glockenform oder sogar eine Stempelform beobachtbar. D. h., **der »mittlere Markt« wird immer dünner**, und daraus folgt, dass die Unternehmen sich immer stärker auf eine Richtung konzentrieren müssen.

Gründe, warum sich in einer Branche hauptsächlich der Anteil an Hoch- und Niedrigpreisprodukten vergrößert oder verkleinert, liegen in:
- den Veränderungen im Handel (z. B. **stärkere Konzentration** im Lebensmittel- und Kaufhausmarkt; weniger Fachgeschäfte)
- der Bevölkerungs- und Konjunkturentwicklung (**Arbeitslosigkeit; Einkommensverteilung** usw.)
- den Einstellungen und Verhaltensweisen der Bevölkerung (**Prestigeorientierung, Trend zum Selbermachen, Gesundheitsbewusstsein** usw.)

Trends genau beobachten

Für das einzelne Unternehmen ist es wichtig, diese Trends in seiner Branche genau zu beobachten, hierzu bieten sich auch Panelmarktforschungen oder andere sekundär-statistische Erhebungen an.

So gibt es innerhalb eines Geschäftsfeldes unterschiedliche Segmente, deren Kunden eher auf Qualität oder eher auf den Preis achten.
Allerdings gibt es bestimmte Branchen, in denen eindeutig der Preis als Kaufentscheider dominiert (z. B. Mehl) und andere Branchen, in denen die Präferenzen dominieren (z. B. Uhren, Schmuck).

Die ersten beiden Strategiedifferenzierungen haben folgende Sachverhalte betrachtet:
- Marktfeldstrategie: Welcher Markt (Produkt/Kundenkombination) soll angegangen werden?
- Marktstimulierungsstrategie: Wie (mit welchen marketingpolitischen Instrumenten) sollen Präferenzen entwickelt werden?

4.3 MARKTPARZELLIERUNG

Nun wollen wir uns mit der Marktparzellierungsstrategie beschäftigen, d. h. mit der Frage: **Welche grundlegenden Unterteilungen eines Marktes sind sinnvoll bzw. ist überhaupt eine Unterteilung sinnvoll?**

4.3.1 Einteilung der Marktparzellierungsstrategien

Unternehmen haben hierbei zwei Entscheidungsfelder; sie können über den **Grad der Marktabdeckung** und über die **Art der Marktbearbeitung** entscheiden:
- Marktabdeckung: Soll der gesamte relevante Markt oder sollen nur Teile abgedeckt werden? (Beispiel: Ferrari nur Sportwagensegment; Volkswagen nahezu gesamter Pkw-Markt)
- Marktbearbeitung: Wie soll der Markt bearbeitet werden: gleichartig über alle Segmente (Massenmarketing) oder unterschiedlich pro Segment (Segmentierungsmarketing)?

Marktabdeckung

Marktbearbeitung

Kombiniert man diese beiden Entscheidungsalternativen, entstehen prinzipiell vier Einteilungsmöglichkeiten.

Differenzierung der Marktinstrumente	Marktabdeckung total	teilweise (partiell)
undifferenziert = **Massenmarktstrategien**	**undifferenziertes Marketing** (Hersteller von Mehl, der alle Mehlverbraucher als Kunden betrachtet und sie einheitlich bearbeitet)	**konzentriertes Marketing** (Hersteller von Mehl, der nur Großbäckereien als Kunden betrachtet und sie einheitlich bearbeitet)
differenziert = **Marktsegmentierungsstrategien**	**differenziertes Marketing** (Hersteller von Mehl, der alle Mehlverbraucher als Kunden betrachtet und die Gruppen unterschiedlich bearbeitet (Packungsgröße; Preis- und Kommunikationspolitik, Mehl für Biokunden usw.)	**selektiv-differenziertes Marketing** (Hersteller von Mehl, der nur »Bio-Verwender« und Großbäckereien als Kunden betrachtet und sich in allen Instrumenten genau auf diese Zielgruppen einstellt)

Tab. 4.2: Marktparzellierungsstrategien

Im Folgenden wird kurz auf die einzelnen Strategiemöglichkeiten eingegangen.

4.3.2 Massenmarktstrategien

Massenmarktstrategie mit totaler Marktabdeckung

Die **Massenmarktstrategie mit totaler Marktabdeckung** ist nicht zwingend gleichbedeutend mit einer Preis-Mengen-Strategie, sondern geht auch häufig mit der Präferenzstrategie in Form einer »Markenpolitik« einher. Einige klassische Beispiele waren Odol, Maggi, Asbach Uralt, 47 11. Mittlerweile haben die Unternehmen bereits Differenzierungen vorgenommen.

Die wesentlichen Elemente der Massenmarktstrategie sind:

Elemente der Massenmarktstrategie

- Feststellen aller wesentlichen Unterschiede und Gemeinsamkeiten und dann **Konzentration auf die gemeinsamen Elemente**. Die Kernfragen lauten: Welchen Nutzen, welche Kaufgewohnheiten, welche Vertriebsorte usw. haben die verschiedenen Kundensegmente gemeinsam?
- Nutzung der Massenwerbung und der Massenabsatzkanäle (Handel). Das Produkt wird universell, d.h. ohne besonders spezifische Eigenschaften, die nur einen Teilmarkt ansprechen würden, angesprochen (Bsp. »Mars macht mobil, bei Arbeit, Sport und Spiel«, »Uhu Alleskleber«), **Hauptkommunikationsziel** ist ein **hoher Bekanntheitsgrad**, **Hauptvertriebsziel** ist die **universelle Erhältlichkeit** (Ubiquität).
- **Hauptproduktziel** ist die **universelle Einsetzbarkeit** und die Befriedigung von Grundbedürfnissen; die Produkte werden so »entproblematisiert«, dass sie für alle Zielgruppen geeignet sind.

Massenmarktstrategie bei partieller Marktabdeckung

Der wesentliche Unterschied der **Massenmarktstrategie bei partieller Marktabdeckung** gegenüber der mit totaler Marktabdeckung ist, dass nur ein Teilmarkt abgedeckt wird.

Es werden grobe Abgrenzungen, z. B. bei den Verwendungsmöglichkeiten oder den Kundengruppen, gemacht, man bedient sich aber nach wie vor der Massenmarktstrategie.

4.3.3 Marktsegmentierungsstrategien

Die Marktsegmentierung hat in der Vergangenheit an Bedeutung gewonnen, da sie die Möglichkeit bietet, sich individuell auf die Bedürfnisse der verschiedenen Zielgruppen einzustellen.

Intern homogen – extern heterogen

Unter Marktsegmentierung versteht man die **Aufteilung eines Marktes in homogene Untergruppen**, die sich von den anderen Untergruppen jedoch deutlich unterscheiden.

Welche Anforderungen sind an ein Marktsegment zu stellen?

Anforderung	Beschreibung
Interne Homogenität	Homogen in Bezug auf die Kaufentscheidung, den Kaufprozess
Externe Heterogenität	Klar von anderen Gruppen abgrenzbar
Messbarkeit, Identifizierbarkeit	Möglichkeit, diese Unterschiede genau zu erfassen
Erreichbarkeit	Möglichkeit, die Marketinginstrumente auf die Zielgruppe zuzuschneiden und sie zu erreichen
Profitabilität	Möglichkeit, die erhöhten Kosten der Segmentierung in den Preisen zu kompensieren
Tragfähigkeit	Segment muss groß genug sein und für das Unternehmen ein hohes Umsatz-/Gewinn-Potenzial bieten
Stabilität	Das Segment muss hinreichend lange unverändert bleiben
Kausalzusammenhang	Zwischen den Kriterien der Segmentierung und dem Kaufverhalten muss es einen Zusammenhang geben

Tab. 4.3: Anforderungen an die Marktsegmentierung

Dass die Segmentierung in der jüngeren Vergangenheit immer beliebter wurde, liegt im Wesentlichen an folgender Wirkungskette:

Die meisten Märkte sind quantitativ gesättigt, und es kommt zu einem **Preiswettbewerb auf Grund dieser Marktsättigung**. Da sich aber nur große Unternehmen bei einem Preiswettbewerb behaupten können, müssen **kleinere und mittlere Unternehmen** nach **Ausweichstrategien** suchen. Die Antwort heißt häufig »**qualitatives Wachstum**«; dieses setzt aber voraus, dass sich das Unternehmen auf die **detaillierten Bedürfnisse** (Produktausgestaltung, Preis, Wartung, Service...) und auf die **individuellen Wünsche** einstellen muss, **um dem reinen Preiswettbewerb aus dem Wege zu gehen**. Zudem werden alle Kundengruppen (private wie industrielle) zunehmend anspruchsvoll. Sie legen Wert darauf, dass ihre Wünsche und Anforderungen möglichst vollständig berücksichtigt werden. Hieraus entwickelte sich die **Segmentierung** in der Art, dass man Gruppen bildete, die die gleiche Bedürfnisstruktur haben und auf die sich das Marketing und das gesamte Unternehmen konzentrieren kann.

Wesentliche Gefahren der Segmentierungsstrategie liegen in der »Oversegmentation« und der »Overconcentration«.

Oversegmentation liegt dann vor, wenn aus Liebe zur immer feineren Segmentierung eine Vielzahl von Einzelsegmenten – z. T. auch künstlich – gebildet werden und die entstehenden Preis- und Wettbewerbsspielräume die Kosten der Segmentierung nicht mehr decken.

Oversegmentation

> **Beispiel**
>
> Es wäre unwirtschaftlich, den Markt für Seife in Single-Haushalte und Familienhaushalte aufzuteilen, da die Anforderungen an Seife von beiden Gruppen die gleichen sind. Eine Unterteilung in diese Gruppen im Bereich der Tiefkühlkost könnte hingegen wegen der variierbaren Verpackungsgröße sinnvoll sein.

Overconcentration **Overconcentration** bedeutet, dass man sich zu stark auf ein Segment konzentriert und dabei andere Segmente aus den Augen verliert bzw. diese Segmente sogar »vergrault«.

> **Beispiel**
>
> So hat sich eine Biermarke mit dem Slogan »xy-Bier löscht Männerdurst« früher stark an die männliche Bevölkerung gewandt und damit die große Gruppe der weiblichen Biertrinker ignoriert oder, schlimmer noch, verärgert. Später wurde versucht, das durch den Slogan »xy-Bier löscht Kennerdurst« zu vermeiden.

Zusammengefasst ergeben sich folgende Vor- und Nachteile:

	Massenmarktstrategie (Schrotflintenprinzip)	**Segmentierungsstrategie (Scharfschützenprinzip)**
Vorteile	• Kostenvorteile durch Massenproduktion • Kostenvorteile durch Massenmarketing (Bekanntheit auf gesamtem Markt) • einfache Organisations- und Produktionsformen • Abdeckung des gesamten Marktes (hohes Potenzial)	• neue, computerunterstützte Produktionsverfahren unterstützen segmentierungsorientierte Fertigung • höhere Preisspielräume • Qualitätswettbewerb statt Preiswettbewerb • bessere Befriedigung der Kundenbedürfnisse
Nachteile	• geringe Preisspielräume, Gefahr des Preiswettbewerbs • keine volle Entsprechung der Kundenbedürfnisse, Gefahr des Kundenverlustes an Spezialanbieter	• Spezialentwicklungen für kleine Segmente nicht mehr rentabel auf Grund Verkürzung der Produktlebenszyklen • Marketingaufwand ist höher • steigende Komplexitätskosten • komplexere Produktions- und Marketingorganisation • höheres Marketing-Know-how erforderlich

Tab. 4.4: Segmentierung versus Massenmarketing

Die Bedeutung der **angestrebten räumlichen Ausdehnung**, die der Marketer bearbeiten will (Marktareal) wird häufig bei den strategischen Überlegungen vernachlässigt. Entweder wird sie dem Zufall oder den Aktivitäten der Handels- und Vertriebspartner überlassen. So wird das ursprünglich angedachte Absatzgebiet ungeplant vergrößert, wenn der beteiligte Handel z. B. neue Geschäfte in den neuen Bundesländern eröffnet oder ein Großhändler neue Einzelhändler in neuen Regionen beliefert. Dies ist zwar meistens positiv, dennoch würde sich der Markterfolg i.d.R. noch steigern lassen, wenn der Hersteller dies bei seinen gesamten Marketingbemühungen berücksichtigen würde (z. B. Auswahl anderer Werbemedien, die in dem neuen Absatzgebiet auch den Endverbraucher erreichen).

4.4 MARKTAREALSTRATEGIEN

Marktareal = räumliche Ausdehnung

Die **Markträume sind eine strategische Komponente**, da durch die Festlegung des Absatzraumes viele weitere Marketinginstrumente determiniert werden; z. B. Werbung, Marketing- und Vertriebsorganisation, Vertriebswegeauswahl, aber auch die Produktgestaltung (z. B. Geschmacksrichtungen beim Senf, eher süß in Bayern, eher scharf in Nordrhein-Westfalen), Verpackungseinheiten (Liter/Gallone) und -größen.

Die räumliche Marktausdehnung wird durch die zunehmenden Kommunikations- und Interaktionsmöglichkeiten auch für kleinere und mittlere Unternehmen interessant. So ist es durch das Internet heute durchaus möglich, dass ein kleiner Anbieter nicht nur bundesweit, sondern auch international seine Produkte vertreiben (und nicht nur bewerben) kann. Voraussetzung ist die entsprechende Versandlogistik und eine funktionierende Service- und Wartungsleistung.

Mithilfe des Internets auch für kleine Anbieter internationaler Vertrieb der Produkte möglich

Die Marktareale kann man folgendermaßen unterteilen:

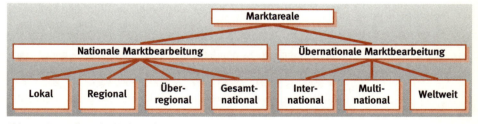

Abb. 4.7: Unterteilung der Marktareale

Beispiele für regionale Märkte sind etwa ein Bundesland oder ein Nielsen Gebiet (= abgegrenztes Werbegebiet in der BRD). Überregionale Marktareale liegen vor, wenn der Anbieter mehrere regionale Gebiete bearbeitet.

Innerhalb der Marktarealstrategien haben sich folgende Untergruppen gebildet:
- konzentrische Ausdehnung,
- inselförmige Ausdehnung und
- selektive Ausdehnung.

Konzentrische Ausdehnung

Bei der **konzentrischen Ausdehnung** wird das Absatzgebiet um den eigenen Ursprungsstandort bzw. das Ursprungsabsatzgebiet kreis- oder ellipsenförmig erweitert.

Diese Form ist die **häufigste und natürlichste Ausdehnungsvariante**, da die Kommunikationskosten so am gleichmäßigsten verteilt sind. Dennoch ist es wichtig – wie bei allen Alternativen – zu überlegen, wie eine Ausweitung des Gebiets erfolgen soll und entsprechende Maßnahmen vor der Erweiterung zu ergreifen (z. B. Analyse der möglichen Vertriebspartner, Standortanalyse für eigene Filialen, Marktforschung über Käuferpotenzial, »Grenzen« der Werbegebiete).

Vorteile der konzentrischen Ausdehnung sind die **stabilen Absatzmärkte**, ein »gesundes«, **gleichgewichtiges Wachstum**, dem als Nachteil die **langsame Marktausdehnung** gegenübersteht.

Selektive und inselförmige Ausdehnung

Die **selektive und die inselförmige Ausdehnung** können zusammengefasst werden, da bei beiden Ausdehnungsvarianten unzusammenhängende Zusatzgebiete erschlossen werden; die dabei entstehenden Lücken werden bewusst akzeptiert.

Gründe für diese **Lücken** können sein:
- **Konkurrenzbedingt**: In diesen »Lückenräumen« ist ein wichtiger Konkurrent sehr stark und es wäre sehr teuer, dort eine gesicherte Marktposition aufzubauen, oder man würde ihn dazu provozieren, das eigene Kerngebiet massiv anzugreifen.
- **Kundenbedingt**: Es handelt sich z. B. um ländliche Gebiete, in denen das Kundenpotenzial nicht hoch genug ist (so haben z. B. die Genossenschaftsbanken auch im ländlichen Raum ein dichtes Filialnetz, während die Großbanken sich eher auf die Groß- und Mittelstädte konzentrieren).
- **Unternehmensbedingt**: Das eigene Unternehmen verfügt evtl. nicht über die entsprechende Finanzkraft, um einen ganzen Kreis sofort zu erschließen und konzentriert sich (zunächst) auf die lukrativsten Inseln.

Nachteil dieser selektiven Strategien ist, dass viele **Kommunikationsmedien nicht selektiv** eingesetzt werden und auf diese Weise unnötige **Streuverluste** auftreten, wenn in einem Gebiet Werbemaßnahmen durchgeführt werden (Beispiel: ZDF kann nur bundesweit gebucht werden, das Produkt wird aber nur in einigen Inseln angeboten). Durch die Zunahme der neueren lokalen elektronischen Medien (Lokalfunk und lokale »Fenster« in überregionalen Fernsehsendungen) wird dieser Nachteil aber geringer.

Insgesamt kann eine **Tendenz zu einer gesamtnationalen, wenn nicht sogar internationalen Marktarealstrategie** beobachtet werden. Dies erscheint plausibel, da
- viele regionale Märkte stagnieren und Umsatzzuwächse nur durch eine Gebietsausdehnung erreicht werden,
- eine steigende Produktion und Umsatzsausweitung zu Economies of scale führen,
- Werbefehlstreuungen vermieden werden sollen,
- die Konzentration im Handel geradezu automatisch zu einer nationalen Marktbearbeitung zwingt und
- neue Medien diese Ausdehnung begünstigen.

Die Marktarealstrategien sollten gut beobachtet und kontrolliert werden: Es ist durchaus sinnvoll, sich aus bestimmten Absatzgebieten wieder zurückzuziehen, um dadurch den Erfolg im Kerngebiet zu festigen. Bemühungen in einem Absatzgebiet, in dem man eine schlechte Position einnimmt und diese auch mittelfristig nicht verbessern kann, sind zumeist wirtschaftlich unrentabel.

4.5 STRATEGIEKOMBINATIONEN

Nunmehr sind die einzelnen Strategieebenen relativ ausführlich dargestellt worden. Bislang ist aber der Zusammenhang zwischen den verschiedenen Strategiealternativen nicht aufgezeigt worden. Dies soll nun nachgeholt werden.

 Der unternehmerische Erfolg ist nicht von der konsequenten Durchsetzung einer »Teilstrategie« abhängig, sondern es kommt auf die harmonische Bündelung der »Teilstrategien« zu einem Strategiebündel an.

Strategiebündel

Aus den bis hierher vorgestellten vier Strategieebenen mit insgesamt 17 Strategiealternativen erhalten wir in Matrixform zusammengefasst eine Art »Strategischen Baukasten«:

Strategieebenen	Strategiealternativen			
Marktfeldstrategie	Marktdurchdringungsstrategie ○	Marktentwicklungsstrategie ○	Produktentwicklungsstrategie ○	Diversifikationsstrategie ○
Marktstimulierungsstrategie	Präferenzstrategie ○		Preis-Mengen-Strategie ○	
Marktparzellierungsstrategie	Massenmarktstrategie total ○ partial ○		Segmentierungsstrategie total ○ partial ○	
Marktarealstrategie	lokal ○ regional ○ überregional ○ gesamtnational ○ international ○ multinational ○ Weltmarkt ○			

Abb. 4.8: Der strategische Baukasten (Quelle: Becker, J.: Marketing-Konzeption, 7. Aufl. 2001, S. 352)

Die oberen beiden Ebenen sind die klassischen Strategieebenen, während die unteren beiden Strategieebenen die jüngere Entwicklung widerspiegeln.

Jedes Unternehmen kann nun seine **Gesamtstrategie** auswählen, indem es sich für bestimmte Kombinationen entscheidet. Sehr interessant ist auch der Strategie-Vergleich mit dem oder den wichtigsten Konkurrenten. So ergeben sich die Strategiepfade (oder das strategische Profil) des eigenen Unternehmens ebenso wie die der Konkurrenz. Fasst man beide zusammen, können für die Wettbewerbssituation am Markt wichtige Schlussfolgerungen gezogen werden. Die folgende Abbildung zeigt beispielhaft zwei strategische Profile.

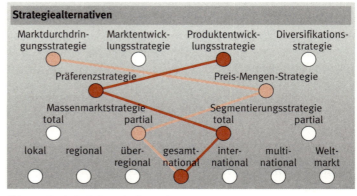

Abb. 4.9: Strategiepfade zweier Unternehmen

Ohne zu sehr in die Tiefe zu gehen – hierfür müsste zunächst der entsprechende Markt, die Aufteilung der Käufer in »Oberer Markt« (kaufen Hochpreis-Produkte), »Mittlerer Markt« und »Unterer Markt«, die Marktstellung beider Unternehmen usw. detailliert beschrieben und analysiert werden – scheint in diesem Fall keine zu intensive Wettbewerbssituation vorhanden zu sein, da die beiden Unternehmen sich sehr stark voneinander unterscheiden und jeweils den Markt anders bearbeiten.

Auf Grund der **komplexer werdenden Wettbewerbsbedingungen** und insbesondere der **gesättigten oder sogar rückläufigen Märkte** (kein Marktwachstum oder negatives Wachstum) reicht mittlerweile eine einfache vertikale Strategie nicht mehr aus. Infolgedessen sind in der Praxis häufig der **»und-Ansatz«** (mehrere Pfade auf einer horizontalen Strategiealternative) und der **»oder-Ansatz«** (Neuwahl eines Pfades auf der horizontalen Auswahl) anzutreffen:

Bei dem **»und-Ansatz«** entwickelt sich das sog. »Mehrmarkenkonzept«. Ein Produzent unterteilt sein an sich homogenes Ursprungsprodukt in verschiedene Marken. Während z. B. für die A-Marke die Präferenzstrategie gewählt wird, wird für die B-Marke oder die Handelsmarke die Preis-Mengen-Strategie gewählt. **In diesem Fall muss die Unterscheidung alle Marketinginstrumente** – Preis, Kommunikation, Produkt (Verpackung, Image als Zusatznutzen usw.) und Distribution – **umfassen**, es darf nicht zu einer Mittel-Lagen-Strategie kommen.

»Mehrmarkenkonzept«

Bei einer immer stärker werdenden Vagabundierung der Kunden ist eine horizontale Mischung der Strategie sinnvoll, denn auf Grund der Änderung der Preisschichten (»Verlust-der-Mitte-Syndrom«) ist der Teilmarkt für die einzelne Marke nicht mehr groß genug.

Diese »und-Strategie« kann natürlich auch die Ausprägung haben, dass mit der A-Marke eine Massenmarktstrategie und mit der B-Marke eine partiale Segmentierungsstrategie gewählt wird; hier liegt die Erweiterung auf der dritten Ebene unseres Strategiebaukastens. Oder: Ein Hersteller verfolgt in einer Region eine Preis-Mengen-Strategie und in einer anderen Region eine Präferenzstrategie.

Bei dem **»oder-Ansatz«** wählt das Unternehmen einen anderen Weg. Erkennt es z. B., dass der Absatz auf dem nationalen Markt nicht mehr groß genug ist, ändert es seine Ausrichtung innerhalb der Marktarealstrategie von einer nationalen zu einer internationalen Marktbearbeitung und wählt nicht das oben beschriebene Konzept einer parallelen Präferenz- und Preis-Mengen-Strategie.

Diese Variante kann entweder mit dem gleichen Markennamen durchgeführt werden (Coca Cola weltweit) oder mit national unterschiedlichen Namen (»General Motors« in den USA und »Opel« in Deutschland).

Welcher Ansatz der richtige ist, hängt – wie immer – von der spezifisch-unternehmenseigenen Situation, der Wettbewerbssituation und der Marktsituation ab und ist im Einzelfall zu prüfen. Beide Varianten dienen jedoch dazu, das Marktpotenzial zu erweitern oder neue Marktpotenziale zu suchen, weil vorhandene Potenziale weggebrochen sind.

> **VERSTÄNDNISFRAGEN**
>
> 30. Erklären Sie den Unterschied zwischen Marktfeld- und Marktstimulierungsstrategien.
> 31. Welche Stimulierungsstrategie würden Sie in einer Phase der Rezession für die Lebensmittelbranche empfehlen?
> 32. Was ist eine Übervorteilungsstrategie? Kann sie langfristig Erfolg haben?
> 33. Welcher Zusammenhang besteht zwischen Käuferschichten und Stimulierungsstrategien?
> 34. Warum können i.d.R. nur Großunternehmen eine Preis-Mengen-Strategie erfolgreich durchsetzen?
> 35. Warum kommt dem Zusatznutzen eine immer stärkere Bedeutung zu?
> 36. Nennen Sie einige Anforderungen an ein Marktsegment.
> 37. Warum gibt es immer weniger Unternehmen, die sich der Massenmarktstrategie bedienen?
> 38. Was versteht man unter Marktarealstrategien?
> 39. Nennen Sie jeweils einige Unternehmen, die eine regionale, eine nationale und eine globale Marktarealstrategie verfolgen.
> 40. Was versteht man unter einem Strategiebündel?

4.6 PRÜFUNGSAUFGABEN

Aufgabe 4.1: Bestimmungsgründe für den Umsatz

Bei der Überlegung, wie man den Umsatz steigern könnte, erinnert sich der Marketingleiter der Brauerei »Reinlich« an die vielfältigen Möglichkeiten, den Umsatz in die einzelnen Bestandteile zu zerlegen.

FRAGEN

a) Welche Möglichkeiten der Umsatzerhöhung fallen Ihnen ein?

Anschließend setzt er sich mit seinen Azubis zusammen und kommt auf folgende Möglichkeiten:
1. Preiserhöhung auf 11 €; Mehrkosten 5.000 € p.a.
2. Preissenkung auf 9 €, Mehrkosten 5.000 € p.a.
3. Einführung einer alkoholfreien Variante, Mehrkosten 100.000 € p.a.
4. Erschließung eines weiteren Biervertriebs mit 200 Geschäften in Ostwestfalen, Mehrkosten 75.000 € p.a.
5. Intensivierung der Werbung in Fußballstadien, Mehrkosten 300.000 € p.a.

Auf Grund von intensiven Marktforschungen und internen Daten schätzt er die Verhaltensreaktionen der Verbraucher folgendermaßen ein (s.u.: Wirkungen der Ausgangslage und der Maßnahmen jeweils als Durchschnittswert über ein ganzes Jahr – Beispiel: Durch die Einführung einer zusätzlichen alkoholfreien Sorte (3.) gewinnt Reinlich insgesamt 1.000 Neukunden durch Abwerbung hinzu):

	Ausgangslage	1. Preiserhöhung	2. Preissenkung	3. Alkoholfrei	4. Neue Vertriebswege	5. Werbung
Preise (€)	10,00	11,00	9,00	10,00	10,00	10,00
Kaufhäufigkeit pro Pers. (Kästen/Jahr)	48	45	50	49	48	48
Kundenbestand (in Tsd.)	100	100	100	100	100	100
Neukunden/Abwerbung p.a. (in Tsd.)	2	1,6	3,5	3	3,5	6
Neukunden/Nichtverwender p.a. (in Tsd.)	0,2	0,2	0,2	0,5	0,2	0,2
Kundenabgang p.a. (in Tsd.)	1	1	2	1	1	0,2
durchschn. Kundenbestand (in Tsd.)	100,60	100,30	100,85	101,15	101,60	103,00
Fixe Kosten / Jahr in Mio. €	12,5	12,5	12,5	12,5	12,5	12,5
Mehrkosten in Mio. €	–	0,005	0,005	0,1	0,075	0,3
Variable Kosten / Kasten p.a. in €	7	7	7	7	7	7

Fragen

a) vgl. Seite 82

b) Welche Umsatz- und Gewinnveränderungen ergeben sich durch die einzelnen Maßnahmen? Berücksichtigen Sie hierbei bereits die Mehrkosten für die Maßnahmen.

c) Welche Maßnahmen sollte er ergreifen, wenn er den Gewinn maximieren will?

d) Wie könnten die Marktreaktionen zu begründen sein?

Aufgabe 4.2: Marketingstrategien
Sie sind ein Großhersteller von Kunstseide-Garnen mit Sitz in der Nähe von Bremen. Die Kunstseide wird zum Weben teurer Einrichtungsstoffe wie Vorhänge, Matratzenüberzüge und Polsterstoffe eingesetzt. Die Farbgenauigkeit der Garne ist ein nicht leicht zu lösendes Problem.

In den letzten Wochen sind Ihre Auftragszahlen durch Billig-Importe ausländischer Garne in den Keller gegangen. Sie brauchen jedoch Aufträge, um Ihre große Betriebsstätte auszulasten, da Sie momentan noch Kapazitäten von 25.000 kg pro Woche frei haben. Ihre Auftragszahlen liegen am Boden. Insgesamt sind 50 % der Gesamtkosten variable Kosten.

Ihre wichtigsten Wettbewerber, die Pennifax-Spinnerei und die Müller AG, haben Ihnen einige Aufträge weggeschnappt, aber die meisten Sorgen bereitet Ihnen die japanische Firma Yamasuki Garne, die seit kurzem importierte Garne zu Niedrigpreisen verkauft.

Die Beziehungen zu Ihren Hauptkunden sind durch Streiks und Farbunterschiede bei den Garnen kürzlich etwas in Mitleidenschaft gezogen worden. Das war sehr untypisch, denn normalerweise werden Ihre Qualität und Ihr Service als die besten am Markt angesehen, sodass Sie auch guten Gewissens höhere Preis als die Mitbewerber verlangen konnten.

Bei den Konsumenten gibt es einen Trend zu rein natürlichen Produkten, aber die Festigkeit der Garne aus Naturprodukten ist derzeit noch nicht qualitativ hochwertig.

Fragen

a) Welche Marktfeldstrategien kennen Sie? Beschreiben Sie diese kurz.

b) Welche der möglichen Strategien würden Sie Ihrer Firma empfehlen. Beschreiben Sie die von Ihnen gewählte Strategie genauer.

Aufgabe 4.3: Marktfeldstrategien
Ein Unternehmen produziert Betonfertigteile für die Befestigung von Bodenflächen im Landschaftsbau (Parkplätze, Fußwege, Höfe etc.). Die Kunden stammen aus dem gewerblichen Bereich (privatwirtschaftliche und öffentlich-rechtliche Unternehmen). Die Produkte zeichnen sich durch hohe Funktionalität aus. Das Unternehmen arbeitet national (BRD) und im angrenzenden deutschsprachigen Ausland.

FRAGEN

a) Wie sieht eine Marktentwicklungsstrategie nach der Ansoff-Matrix (Marktfeldstrategien) aus?

b) Welche Ansatzpunkte zur Markterweiterung kann das Unternehmen verfolgen? Beschreiben Sie zwei mögliche Marktenwicklungsstrategien.

c) Welche Probleme sind im Zuge Ihrer Marktenwicklungsmöglichkeiten vorstellbar?

5 Grundlagen der Marktforschung

5.1	AUFGABEN UND ANFORDERUNGEN	89
5.2	INFORMATIONSQUELLEN	91
5.2.1	Interne/Externe Informationsbeschaffung	91
5.2.2	Primär-/Sekundärforschung	94
5.3	DATENERHEBUNG	97
5.3.1	Auswahlverfahren	97
5.3.2	Befragung	101
5.3.2.1	*Persönliche Befragung*	101
5.3.2.2	*Schriftliche Befragung*	105
5.3.2.3	*Telefonische Befragung*	106
5.3.2.4	*Computergestützte Befragung*	107
5.3.3	Gestaltung der Befragung	110
5.3.4	Beobachtung	112
5.3.4.1	*Laborbeobachtung*	113
5.3.4.2	*Feldbeobachtung*	113
5.3.5	Experiment	114
5.3.5.1	*Produkttest*	114
5.3.5.2	*Markttest (Testmarkt)*	115
5.3.6	Panelforschung	116
5.4	DATENAUSWERTUNG	118
5.4.1	Daten- und Antwortarten	119
5.4.2	Häufigkeiten	120
5.4.3	Kreuztabellierung	122
5.4.4	Lageparameter von Verteilungen	123
5.4.4.1	*Mittelwert*	123
5.4.4.2	*Median*	123
5.4.4.3	*Standardabweichung und Varianz*	124
5.4.5	Multivariate Verfahren	126
5.4.5.1	*Clusteranalyse*	126
5.4.5.2	*Conjoint Measurement*	127
5.5	PRÜFUNGSAUFGABEN	130

Bereits in den ersten Kapiteln wurde mehrfach erwähnt, dass man sich der Marktforschung bedient, z. B. um Kundenbedürfnisse zu ermitteln oder um herauszufinden, inwieweit qualitative Ziele (Bekanntheitsgrad, Image usw.) erreicht worden sind.

→ *Die Berücksichtigung der Kaufentscheidungsgründe ist für ein Unternehmen lebensnotwendig.*

Daher muss das Unternehmen Zeit und Geld aufwenden, um diese Gründe zu ermitteln. Leider wird dies – insbesondere bei industriellen Gütern – immer noch viel zu wenig durchgeführt. Dabei sind die **Kosten der Marktforschung im Verhältnis zu den Kosten einer Fehlentscheidung** (z. B. der erfolglose Versuch, ein neues Produkt auf den Markt zu bringen oder die Durchführung einer Werbekampagne) i.d.R. verschwindend **gering**.

Häufig trifft die Unternehmensleitung Entscheidungen z. B. über Preis oder Produktausstattung, ohne hierfür die entsprechenden Informationen ermittelt zu haben. Bei technischen oder rechtlichen Entscheidungen (Ist das Material wärmebeständig? Was ist die steuerlich günstigste Unternehmensrechtsform?) wäre solch ein Vorgehen undenkbar, im Marktgeschehen gehen aber immer noch sehr viele Manager davon aus, dass sie das Käuferverhalten gut genug kennen und daher auf die Marktforschung verzichten können – leider oft ein folgenschwerer Fehler.

Marktforschung kann Unsicherheiten verringern

Das folgende Kapitel soll Sie daher ermutigen, intensiven Gebrauch von der Marktforschung zu machen. Marktforschung wird nie alle Unsicherheiten beseitigen können, wohl aber sie verringern.

Lernziele

Nach Bearbeitung dieses Kapitels sollten Sie:
- wissen, was unter dem Begriff »Marktforschung« zu verstehen ist,
- die Hauptaufgaben der Marktforschung kennen,
- den Unterschied zwischen in- und externer, Eigen- und Fremdforschung sowie zwischen Primär- und Sekundärforschung erklären können,
- wissen, welche Formen der Befragung es gibt und diese erläutern können,
- einige Methoden der Beobachtung in der Marktforschung beschreiben können,
- den Unterschied zwischen einem Produkt- und einem Markttest kennen,
- wissen, für welche Zwecke sich die Panelforschung anbietet,
- verschiedene Datenauswertungsmethoden anwenden können,

- anhand eines Beispiels den kompletten Ablauf einer Marktforschungsstudie von der Konzepterstellung bis zur Umsetzung der Ergebnisse beschreiben können.

5.1 AUFGABEN UND ANFORDERUNGEN

Bevor Sie sich intensiv mit den Aufgaben und Anforderungen der Marktforschung befassen, soll kurz geklärt werden, was unter dem Begriff »Marktforschung« verstanden wird. Marktforschung meint hier:

> *Die systematische und objektive (= sachliche und vorurteilslose) Beschaffung und Analyse in- und externer Informationen, die für die Lösung von Marketingproblemen relevant sind.*

Definition Marktforschung

Marktforschung kann natürlich auch für die Lösung anderer Probleme angewandt werden (z. B. Mitarbeiterzufriedenheit, Wahlforschung), wir konzentrieren uns jedoch auf das Marketing.

Die Informationsbeschaffung sollte also ein gezielter, geplanter und organisierter Prozess sein, die Informationen müssen verlässlich und objektiv überprüfbar sein. Dabei bezieht sich die Marktforschung nicht nur auf die Kunden, sondern auch auf das Verhalten der Konkurrenz, auf gesetzliche Auflagen, Verhalten der Lieferanten, etc. So ist es z. B. wichtig zu wissen,
- wie viele Lieferanten es für seltene Einsatzfaktoren gibt,
- wie sicher deren Zukunft ist,
- wer was zu welchem Preis anbietet usw.

Die Marktforschung besitzt folgende Hauptaufgaben:
1. **Innovationsfunktion**: Die Marktforschung sorgt dafür, dass Chancen für die Entwicklung neuer Produkte frühzeitig erkannt und genutzt werden können (Beispiel: Bei einer Befragung zu Produkteigenschaften stellt sich heraus, dass die Nutzer eine bestimmte technische Funktion wünschen, die bislang nicht realisiert wurde; hieraus kann umgehend eine Anfrage an die Forschungs- und Entwicklungsabteilung entstehen).

Hauptaufgaben der Marktforschung

2. **Frühwarnfunktion**: Mithilfe der Marktforschung können Risiken bezüglich der Umwelt, Konkurrenz, Verbraucher rechtzeitig erkannt werden. (Beispiel: Nutzer wünschen eine Produkteigenschaft, die man nicht anbietet. Die Absatzsituation ist aber dennoch gut, weil entweder kein anderer Anbieter diese Funktion anbietet oder das Unternehmen noch langfristige Lieferverträge mit den Kunden hat.)

3. **Strategiefunktion**: Die Marktforschung unterstützt die Unternehmensführung mit ihren Informationen bei strategischen Entscheidungen. (Beispiel: Die Bevölkerung lebt immer länger und will trotzdem noch aktiv reisen. Der Bedarf an Reisen, die speziell für Ältere konzipiert sind, steigt.)

4. **Sicherheitsfunktion**: Mit ihr kann man, z.B. mithilfe eines Markttestes feststellen, inwieweit ein neues Produkt auf dem Markt Erfolg haben könnte (Beispiel: Ein neues Produkt wird zuerst lediglich in einem Bundesland eingeführt).

5. **Kommunikationsfunktion**: Sie überprüft, ob die Marketinginstrumentarien ihre Ziele erreicht haben (z.B. die Steigerung des Bekanntheitsgrades nach einer Werbekampagne), also ob die gewünschten Botschaften auch so verstanden worden sind?

6. **Selektionsfunktion**: Sie trägt dazu bei, dass die gewonnenen Informationen gebündelt und überflüssige Daten eliminiert werden. (Beispiel: Man hat herausgefunden, dass zum Kauf von Waschmittel 20 Gründe entscheidend sind, aber 4 davon 98% der Kaufentscheidung ausmachen. Hier sollten die restlichen 16 Gründe bei der Werbung vernachlässigt werden.)

Anforderungen an Marktforschung

Damit die Marktforschung diese Aufgaben auch erfüllen kann, muss sie folgende Anforderungen erfüllen (vgl. Meffert 2000, S. 146):

- Sammlung **nur** der **relevanten Informationen**, nicht aller beschaffbaren; so ist es bei der Erstellung eines Fragebogens wichtig, bei jeder einzelnen Frage zu klären, was das Unternehmen mit den daraus gewonnenen Antworten anfangen kann; entsteht aus einer Antwort kein Handlungsbedarf, sollte die Frage entfallen.

- Die **Informationen** müssen **zuverlässig (reliabel) und stabil** sein, d.h., erwartet ein Kunde bestimmte Produkteigenschaften, dann muss gewährleistet sein, dass er sie auch zu dem Zeitpunkt, wenn diese realisiert sind, noch schätzt.

- Die **Informationen** müssen **aktuell und nicht veraltet** sein, daher werden viele Befragungen auch in regelmäßigen Abständen wiederholt, um Veränderungen im Meinungsbild festzustellen.

- Die Marktforschung muss **Sachverhalte wertneutral erfragen**. Hierbei müssen auch für das Unternehmen ungünstige Sachverhalte zu

Tage treten. Marktforschung darf nie mit Werbung verwechselt werden! Dies ist insbesondere bei der Auswahl der Befragten (**repräsentativer Querschnitt der Kunden** und nicht nur die besonders zufriedenen) und bei der Art der Fragestellung (**keine Suggestivfragen**) zu beachten.

Marktforschung darf nie mit Werbung verwechselt werden

- Die **Aussagen müssen »sicher« sein**, Stichprobengröße und Stichprobenauswahlverfahren sind entsprechend zu bestimmen. Die Aussagen dürfen nicht nur die Meinung der Stichprobe widerspiegeln, sondern die der zu untersuchenden Grundgesamtheit.

5.2 INFORMATIONSQUELLEN

Die Quellen der Marktforschung kann man einerseits nach der **Herkunft** unterscheiden, d.h. dass die Informationen entweder **intern** (= aus dem eigenen Unternehmen) oder **extern** (= mithilfe eines Marktforschungsinstituts oder des Statistischen Bundesamtes etc.) beschafft werden. Andererseits ist eine Unterscheidung danach möglich, ob die Informationen **bereits vorhanden** sind (**Sekundärforschung**) oder ob sie **neu erhoben** werden müssen (**Primärforschung**). Daraus ergeben sich folgende Kombinationsmöglichkeiten:

Herkunft \ Neuigkeitsgrad	Vorhanden/bekannt (Sekundärmarktforschung)	Neu/unbekannt (Primärmarktforschung)
Intern	Vorhandene Statistiken (Umsatz pro Region)	Interne Befragung (Befragung der Vertriebsmitarbeiter nach den Hauptverkaufshemmnissen)
Extern	Daten des Statistischen Bundesamtes (Bevölkerungs-/Erwerbsstruktur)	Befragungen, die an ein Marktforschungsinstitut vergeben werden (Kundenbefragung über Servicezufriedenheit)

Tab. 5.1: Informationsquellen in der Marktforschung

5.2.1 Interne/Externe Informationsbeschaffung

Wenn sich die Marketingverantwortlichen überlegt haben, welche Informationen sie für die Lösung des konkreten Problems benötigen, sollte zuerst geprüft werden, ob die Informationen möglicherweise bereits im Unternehmen vorhanden sind (intern) oder ob diese von außen (extern) beschafft werden müssen.

Die nachfolgende Tabelle stellt einige wichtige in- und externe Datenquellen zusammen.

Interne Informationsbeschaffung	Externe Informationsbeschaffung
• Buchhaltungsunterlagen (Bilanzen; Gewinn- und Verlustrechung) • Unterlagen der Kostenrechnung (Marketingkostengruppen, Werbeaufwand pro Produktgruppe, Aufwand pro Werbeart) • Statistiken (Umsätze, Kunden nach Art, Größe, Anzahl Reklamationen etc.) • Berichte des Vertriebs (Besuchsberichte, Abschlussquote, Entfernungen zu Kunden) • Untersuchungen des eigenen Marketingbereichs oder der eigenen Marktforschungsabteilung	• Veröffentlichungen des Statistischen Bundesamtes / der Landesämter, Kommunalstatistiken • Veröffentlichungen von Wirtschaftsverbänden und -instituten (z.B. ifo-Institut für Wirtschaftsforschung, München), IHK's (Industrie- und Handelskammern) • Veröffentlichungen firmenspezifischer Art (z.B. Geschäftsberichte anderer Unternehmen) • Unterlagen von Tagungen/Kongressen • Informationsmaterial von Marktforschungsinstituten und Beratungsfirmen, Fachhochschulen, Universitäten • Fachzeitschriften • Veröffentlichungen von Werbeträgern (Leseranalysen, Einschaltquoten beim Fernsehen) • Datenbanken • Daten aus dem Internet • in Auftrag gegebene Untersuchungen an Marktforschungsinstitute, Marktforschungsberater oder Werbeagenturen

Tab. 5.2: Interne und externe Informationsquellen

Inwieweit man sich bei der Marktforschung interner oder stärker externer Quellen bedient, muss fallweise entschieden werden, da die Bedingungen in den Unternehmen (z.B. Branche, Betriebsgröße, Organisationsstruktur, Zeitrahmen, Kostensituation, Bedeutung der Information für den Unternehmenserfolg, Notwendigkeit der Geheimhaltung etc.) sehr unterschiedlich sind. Generell wird man – sofern die vorhandenen Daten aktuell und aussagefähig genug sind – zunächst auf intern vorhandene und dann erst auf externe Daten zurückgreifen. Müssten jedoch die Daten auch intern erst beschafft werden (z.B. durch eigene Befragung), wird in diesem Fall zunächst auf existierende externe Daten zurückgegriffen.

 Wichtig ist – insbesondere für Unternehmen mit einer großen Anzahl von Kunden – die Pflege einer umfassenden, zielgerichteten Kundendatenbank, um jederzeit kostengünstige und effiziente Marktforschung betreiben zu können.

Diese **Kundendatenbank** sollte möglichst folgende Daten enthalten (natürlich neben den üblicherweise immer vorhandenen Daten wie Name, Adresse, kundenbezogene Umsätze, usw.):

- Kaufhäufigkeit,
- Reaktion auf durchgeführte Marketingmaßnahmen,
- Häufigkeit und Gründe der Ablehnung von Angeboten,
- bei Kunden der Konsumgüter-/Dienstleistungsbranche: Alter, Beruf, Wohnsitz und -art (Eigentum, Miete), Einkommen, Familienstand, Haushaltsgröße, Einkaufsgewohnheiten,
- bei industriellen Kunden: Größe des Unternehmens, Branche, Unternehmenssitz, Ansprechpartner pro Produktart, Umsatz der letzten 3 Jahre mit dem eigenen Unternehmen.

Kundendatenbank

Dies ist nur eine beispielhafte Aufzählung. Generell sollten sich die Marketingverantwortlichen überlegen, welche Daten sie benötigen, um die Kaufentscheidungen der Kunden verstehen zu können. Wichtig ist hierbei, dass die internen Daten leicht mit extern beschaffbaren Daten verknüpfbar sein sollten, um so die internen Daten bei Bedarf anreichern zu können.

Interne Daten sollten leicht mit externen Daten verknüpfbar sein

Die **Bedeutung der Datenanalyse ist** mittlerweile so **groß** geworden, dass sich hierfür bereits ein bedeutender Wirtschaftszweig gebildet hat, der sich ausschließlich mit **CRM** (Customer Relationship Management) und **Data Mining** auseinander setzt.

Vor der Datengewinnung sollte das Unternehmen abwägen, ob es sinnvoller ist, die Daten selbst zu erforschen und zu analysieren (**Eigenforschung**) oder ob es diese Aufgabe einem anderen Unternehmen in Auftrag gibt (**Fremdforschung**).

Vorteile der Eigenforschung liegen z. B. in
- der größeren Vertrautheit mit dem Forschungsproblem,
- der höheren Diskretion (Daten stehen der Konkurrenz nicht zur Verfügung),
- der besseren Einflussnahme auf Qualität und Genauigkeit der Erhebung,
- der größeren Kontrollmöglichkeit (z. B. über die Interviewer),
- geringeren Kommunikationsproblemen,
- der möglichen schnelleren Verfügbarkeit.

Eigenforschung oder Fremdforschung

Vorteile der Fremdforschung sind z. B.:
- höhere Objektivität der Forschung (keine Betriebsblindheit),
- Einsatz von Spezialisten (z. B. Psychologen),

INFORMATIONSQUELLEN

- evtl. Kosteneinsparungen, da die Kosten nur auftragsbezogen anfallen und keine Fixkosten entstehen; zudem rechnen sich bestimmte eigene Einrichtungen (Labore, Messgeräte) erst ab einer bestimmten Fallzahl.

In fast allen großen Unternehmen der Konsumgüterbranche und auch bereits in vielen Unternehmen der Industriegüterindustrie wird heutzutage eine Mischform angewendet. Eine eigene Marktforschungsabteilung (oder in kleineren Unternehmen ein Marktforschungsbeauftragter) ist vorhanden, viele Untersuchungen werden jedoch trotzdem bei Instituten in Auftrag gegeben. Mittelständische Unternehmen betreiben – nicht zuletzt mangels Erfahrung – eher Fremdforschung als große Unternehmen.

5.2.2 Primär-/Sekundärforschung

Zweites Unterscheidungsmerkmal der Informationsquellen war der Neuigkeitsgrad, es gibt die Primär- und die Sekundärforschung.

Definition Sekundärforschung

 Unter Sekundärforschung (Desk Research; Quellenforschung) versteht man die Beschaffung, Zusammenstellung, Analyse und Auswertung von bereits vorhandenem Datenmaterial.

Es werden Daten verwendet, die bereits von Dritten oder vom Unternehmen selbst für ähnliche oder ganz andere Zwecke erhoben wurden.

Vorteile der Sekundärforschung

Es ist immer **sinnvoll**, bei der Suche nach Informationen zuerst **nach vorhandenem Datenmaterial zu forschen**, denn:
- Sekundärdaten sind i.d.R. **preisgünstiger** – vernachlässigt man den eigenen Zeitaufwand, häufig sogar kostenlos,
- Sekundärinformationen sind normalerweise **schneller verfügbar**,
- einige Daten kann man **anders nur sehr schwer** oder gar nicht erhalten (z.B. Bevölkerungsstatistik, Statistiken über Ex- und Importe).

Häufig nimmt die Sekundärforschung eine Basisfunktion ein, auf der dann Primärforschungen aufbauen.

> **Beispiel**

Hat man mittels der Sekundärforschung festgestellt, dass die Kundengruppe der Jugendlichen in Stadtregionen eine hinreichend kaufkräftige und genügend große Zielgruppe für Motorroller darstellen, können mithilfe der Primärforschung ihre Einstellungen zum eigenen Unternehmen/Produkt ermittelt werden.

Gerade das **Internet hat die Verfügbarkeit externer Daten** beinahe explosionsartig **verbessert**. Das Problem besteht nun weniger darin, sich die notwendigen Informationen überhaupt zu beschaffen, sondern darin, aus der unüberschaubaren Masse der vorhandenen Daten (information overflow) die aktuellsten und besten Informationen herauszusuchen – und dies in einer akzeptablen Zeit.

Internet

Daten finden Sie z. B. bei(m)/in:
- **Statistischen Bundesamt**: http://www.destatis.de
- den Seiten der **Bundes- und Landesregierung**: http://www.bundesregierung.de, für Nordrhein-Westfalen z. B. http://www.nrw.de
- den Internetseiten der **Städte**: i. d. R. http://www.*name der Stadt*.de
- den **Industrie- und Handelskammern**, http://www.ihk.de
- **Verbänden und Vereinigungen** (z. B. ZVEI – Zentralverband der Elektrotechnischen Industrie oder VDM – Verband Deutscher Maschinen- und Anlagenbau oder HDE – Hauptgemeinschaft des Deutschen Einzelhandels)
- der **Deutschen Bundesbank**: http://www.bundesbank.de
- der **Europäischen Zentralbank**: http://www.bundesbank.de/ezb/ en/statistik.htm
- der **Bundesagentur für Außenwirtschaft**: http://www.bfai.com
- **Deutschen Institut für Wirtschaftsforschung**: http://www.diw.de
- **Fachzeitschriften** sowie
- **Veröffentlichungen großer Marktforschungsinstitute**, wie z. B. GfK – Gesellschaft für Konsumforschung: http://www.gfk.de

Hier sind Informationen erhältlich

Ebenso finden sich interessante Informationen bei **Branchenverbänden** und **Arbeitgeber- und Arbeitnehmervertretungen** bei den **lokalen Gewerbeämtern**

 Problematisch an der (Internet-)Sekundärforschung sind – bei nicht amtlichen Quellen – fehlende Angaben über die Art der Erhebung.

So werden häufig Berichte über »repräsentative« Studien veröffentlicht, an den sich gerade ein paar Dutzend Befragte beteiligt haben. **Hier ist also unbedingt Vorsicht geboten.**

Vorsicht bei der Verwertung nicht amtlicher Daten

Im Gegensatz zur Sekundärforschung werden bei der Primärforschung nicht die Informationen Dritter übernommen:

Definition Primärforschung

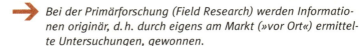

Bei der Primärforschung (Field Research) werden Informationen originär, d.h. durch eigens am Markt (»vor Ort«) ermittelte Untersuchungen, gewonnen.

Das hat den Vorteil, dass

Vorteile der Primärforschung
- die Informationen meistens aktueller sind,
- ausschließlich benötigte Informationen erhoben werden,
- Daten sehr detailliert gewonnen (genau auf den eigenen Bedarf ausgerichtet) werden können,
- die Methode der Datengewinnung ausgewählt werden kann,
- nach den individuellen Bedürfnissen ausgewertet werden kann.

Die nachfolgende Grafik veranschaulicht noch einmal die Abgrenzung zwischen Primär- und Sekundärforschung.

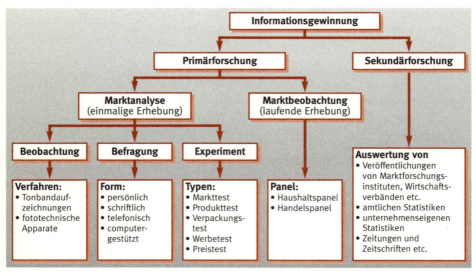

Abb. 5.1: Quellen der Informationsgewinnung

VERSTÄNDNISFRAGEN

41. Welche Anforderungen werden an die Marktforschung gestellt?
42. Was sind die wesentlichen Aufgaben der Marktforschung?

> 43. Warum beginnt man i. d. R. mit der Sekundärmarktforschung?
> 44. Erleichtert das Internet die Informationsbeschaffung?
> 45. Welche Vorteile hat die Eigenforschung gegenüber der Fremdforschung?

5.3 Datenerhebung

Die Sekundärforschung ist zwar die schnellere und kostengünstigere Art der Informationsbeschaffung, sie reicht jedoch selten für die unternehmensindividuelle Fragestellung aus. Die Primärforschung kommt also fast immer zum Einsatz. Hierbei sind vorrangig drei Entscheidungen zu treffen:

1. Was soll ermittelt werden? Was sind die Ziele der Erhebung? Was geschieht mit den gewonnenen Ergebnissen? Diese Fragen betreffen den **Inhalt der Befragung**

Entscheidungen bei der Datenerhebung

2. Wer soll befragt werden? Diese Frage betrifft die **Auswahl der Befragten**. Zu klären hierfür wäre z. B. (vgl. Berekoven 1999, S. 49):
   - Die Antworten welcher Befragten sind am aussagefähigsten? (Für eine Textsoftware kann es beispielsweise sinnvoller sein, nicht die Käufer – z. B. die Beschaffungsabteilung – sondern die Nutzer – z. B. Sekretärinnen – zu befragen.)
   - Wie lässt sich dieser Personenkreis beschreiben?
   - Wie lässt er sich identifizieren? Gibt es Adressdateien? Wo findet man ihn? (Z. B. findet man Fußballinteressierte nicht einfach im Adressbuch, wohl aber samstags vor Bundesligastadien.)
   - Wie ist die Antwortbereitschaft dieser Personen?

3. **Mit welcher Methode** soll die Erhebung durchgeführt werden? Zur Verfügung stehen hier:
   - Befragung,
   - Beobachtung,
   - Experiment,
   - Panelforschung.

Beschäftigen wir uns zunächst mit den Auswahlverfahren, um die Personen, die befragt werden sollen, zu bestimmen.

5.3.1 Auswahlverfahren

Eine so genannte **Vollerhebung**, d. h. die Gewinnung von Informationen aller infrage kommenden Personen (der Grundgesamtheit), ist i. d. R. zu zeit- und zu kostenaufwändig. Eine Ausnahme besteht dann,

Vollerhebungen sind zeit- und kostenaufwändig

wenn der zu untersuchende Personenkreis nur klein ist. Oft sind aber Informationen über z. B. »die« deutschen Raucher oder über »die« Biertrinker erwünscht, sodass es angebracht ist, eine **Stichprobenerhebung** (Teilerhebung) durchzuführen.

Bei dieser Art der Erhebung ergibt sich das wichtige Erfordernis der Repräsentativität.

 Repräsentativität bedeutet, dass eine Stichprobe die gleichen Merkmale wie die Grundgesamtheit der für die Untersuchung eines Marketingproblems infrage kommenden Personen aufweist.

Repräsentativität ist Voraussetzung

Dabei kommt es aber nur auf die für die Erhebung relevanten Merkmale an (Beispiel: Bei den Biertrinkern sind die Grundgesamtheit nicht alle Personen, sondern nur diejenigen, die auch Bier trinken.).

Ist eine Untersuchung repräsentativ, entsprechen die Aussagen, die man über die Teilmenge machen kann, dem Verhalten der gesamten Grundgesamtheit. (Beispiel: Antworten 17 % der Befragten, dass sie gern das xy-Bier trinken, müsste der Marktanteil der xy-Brauerei auch bei (ca.) 17 % liegen.) Eine repräsentative Befragung ergibt also ein **wirklichkeitsgetreues Abbild der »Gesamtheit«** (vgl. Berekoven 1999, S. 50).

Damit die Repräsentativität gewährleistet werden kann, bedient man sich bestimmter Auswahlverfahren, um die zu Befragenden aus der »Grundgesamtheit« auszuwählen. Die Grundgesamtheit sind alle Personen (Firmen), deren Antworten für die Problemstellung relevant sind.

Neben der Auswahl der Personen hat natürlich auch die Anzahl der Befragten (die Größe der Stichprobe) Einfluss auf die Aussagequalität.
Hier bedient sich die Praxis gerne sog. »Faustregeln« oder eigener Erfahrungen. Der Zusammenhang zwischen Stichprobengröße und Aussagequalität lässt sich aber auch mathematisch bestimmen, worauf hier aber nicht eingegangen wird (vgl. hierzu Weis 1998, S. 42ff).

Größe der Stichprobe muss ausreichen

Für die Auswahl der Elemente (= Personen, Befragte) aus der Grundgesamtheit in die Stichprobe verwendet man entweder
- die Zufallsauswahl, bei der jedes Element die gleiche Chance hat, in die Stichprobe zu gelangen, oder
- die bewusste Auswahl, bei der die Auswahl gezielt erfolgt.

Die folgende Grafik gibt einen Überblick über die wichtigsten Auswahlverfahren für die Stichprobe:

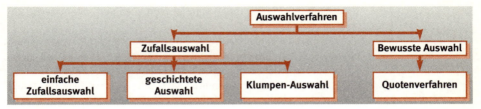

Abb. 5.2: Auswahlverfahren von Stichproben

Einfache Zufallsauswahl: Diese Methode wird angewendet, wenn die Grundgesamtheit nicht in weitere Untergruppen aufgeteilt werden kann. Sie ist streng genommen **nur dann anwendbar, wenn man die Anzahl der Grundgesamtheit genau kennt**. Dies ist jedoch nicht immer der Fall, wer kennt schon die genaue Anzahl »fußballinteressierter« Personen? Symbolhaft kann man sich die einfache Zufallsauswahl so vorstellen: Für jede Person der Grundgesamtheit wird eine Kugel in eine Urne gelegt und dann werden zufällig x % an Kugeln herausgeholt. Diese Personen werden dann befragt. Anstelle der Urne bedient man sich des **»Zufallsgenerators«**, der in fast jedem komfortablen Taschenrechner enthalten ist. In der Praxis befragt man z. B. jeden 5. Passanten, oder alle Personen, die an einem 5. oder 18. Geburtstag haben.

Einfache Zufallsauswahl

Bei der **geschichteten Zufallsauswahl** wird die **Grundgesamtheit in mehrere Untergruppen** (Schichten) – wie z. B. Studierende in verschiedenen Studiengängen – aufgeteilt. Voraussetzung hierfür ist, dass die Verteilung der Untergruppen in der Grundgesamtheit bekannt ist (z. B. hier aus der Datenbank der Hochschule oder der eigenen Kundendatenbank).

Geschichtete Zufallsauswahl

Beispiel

Man möchte eine repräsentative Befragung der Studierenden zum Mensaessen durchführen und unterstellt, dass die Einstellung zum Mensaessen unabhängig vom Studiengang ist. Vom Studentenwerk erhalten Sie folgende Angaben über die Anzahl der Studierenden je Fachrichtung:

Masch.bau	E-Technik	BWL	Wirts.ing.	Anglistik	Jura	Summe
230	430	980	560	230	1.200	**3.630**

Wenn sie nun 10 % der Studierenden befragen wollen, müssen sie bei der geschichteten Zufallsauswahl folgende Anzahl aus den verschiedenen Studienrichtungen befragen.

Masch.bau	E-Technik	BWL	Wirts.ing.	Anglistik	Jura	Summe
23	43	98	56	23	120	**363**

Innerhalb der Untergruppen wendet man wiederum die einfache Zufallsauswahl an.

Will man die einzelnen Untergruppen nicht gleichmäßig gewichten, wendet man die **disproportionale Schichtung** an. Dies ist z. B. dann sinnvoll, wenn die einzelnen Gruppen unterschiedlich bedeutsam sind (z. B. für den Anteil am Gesamtumsatz) oder wenn äußere Umstände eine wichtige Rolle spielen (z.B. grenzen die Räume des Fachbereichs BWL direkt an die Mensa, die Juristen hingegen studieren in 2 km Entfernung).

Klumpenauswahl

Die **Klumpenauswahl** wird dann angewendet, wenn die Grundgesamtheit in meist »natürliche« Untergruppen (sog. »Klumpen«) aufgeteilt werden kann. So sind die Tennisspieler i. d. R. in Vereinen organisiert. Die einzelnen Vereine stellen hier solche Klumpen dar. Das Verfahren läuft dann wie folgt ab: Man wählt eine bestimmte Anzahl von Klumpen (Vereinen) mittels der einfachen Zufallsauswahl aus und befragt dann

Gefahr des Klumpen-Effekts

alle Mitglieder dieser ausgewählten Vereine. Bei dieser Auswahl besteht allerdings die Gefahr von so genannten »**Klumpen-Effekten**«. So kann es z.B. »Nobelvereine« geben, deren Mitglieder eine Meinung vertreten, die keinesfalls auf alle Tennisspieler übertragen werden können, die »Nobelspieler« wären (bei Auswahl des Vereins) überrepräsentiert.

Quotenverfahren

Das **Quotenverfahren** wird in ähnlicher Weise durchgeführt, nur dass die **Auswahl der Personen nicht mehr zufällig, sondern gezielt** erfolgt, z. B. durch die Interviewer, die sich aus vorgegebenen Gruppen die zu befragenden Personen selbst aussuchen können. Lediglich die Quote wird vorgegeben (z. B. 23 Anglistikstudierende und 43 Betriebswirte).

Statistische Stichprobenfehlerberechnung hier nicht möglich

Bei dieser Auswahl besteht die **Gefahr der Ergebnisverzerrung**, da z. B. nur Personen befragt werden, die leicht erreichbar oder Bekannte des Interviewers sind. Eine statistische Stichprobenfehlerberechnung ist bei der bewussten Auswahl somit nicht möglich.

Bei allen Auswahlverfahren können folgende Fehler auftreten:

Fehler bei Auswahlverfahren

- **Planungsfehler** (man grenzt z. B. die zu untersuchende Zielgruppe unscharf bzw. falsch ab),
- **systematische Fehler** (die Interviewer stammen alle aus derselben Stadt und befragen auch nur dort) und
- **sachliche Fehler** (die befragten Personen geben falsche Auskünfte).

Die Höhe der Auswirkung dieser Fehler lässt sich zahlenmäßig nicht bestimmen.

Dennoch kann in fast allen Fällen auf solche Auswahlverfahren aus Zeit- und Kostengründen nicht verzichtet werden. Daher muss man sich bemühen, die Fehlerquote – z. B. durch genaue Planung und Kontrolle – so gering wie möglich zu halten. Außerdem gibt es die Möglichkeit, die aktuelle Untersuchung mit früheren Untersuchungen zu vergleichen. Gravierende Unterschiede könnten ein Indiz für Fehler sein.

5.3.2 Befragung

Die Befragung ist die am weitesten verbreitete Erhebungsmethode in der Marktforschung. Mit ihr versucht man z.B.:

- das bisherige Kaufverhalten (welche Produkte werden wo, wann, wie oft, von wem, für was/wen, warum gekauft?),
- die Zufriedenheit mit den gekauften Produkten,
- das geplante zukünftige Verhalten (z. B. Investitionspläne von Herstellern),
- Einstellungen und Motive (z. B. Image eines Unternehmens),
- Meinungen (z. B. führt die Ökosteuer zu verminderter Pkw-Nutzung?)

zu ermitteln.

Gegenstände der Befragung

Hierbei sind folgende Befragungsmethoden zu unterscheiden:

Abb. 5.3: Befragungsarten

5.3.2.1 Persönliche Befragung

Die persönliche Befragung wird sehr oft eingesetzt. Wichtig scheint der Hinweis, dass man hierbei **nur Meinungen und nicht unbedingt die objektiven Sachverhalte** ermittelt. (Beispiel: Befragt man Personen, wie sie einschlafen – auf dem Rücken oder auf der Seite – erhält man andere Ergebnisse, als wenn man dies tatsächlich beobachtet. Für die Gestaltung der Matratze ist also eine eine Beobachtung hilfreicher als eine Befragung.) Auf der anderen Seite ist für den Marketingfachmann eben diese Meinung sehr wichtig, denn sie entscheidet häufig über den Kauf und nicht der tatsächliche Sachverhalt. Sind die Autofahrer z. B. der Meinung, dass der Wagen xy sehr sportlich ist, wird er gekauft, auch wenn ein Konkurrenzmodell eine bessere Beschleunigung und eine höhere Endgeschwindigkeit hat. Die **Ermittlung von Meinungen ist also sehr wichtig.**

Grenzen der Befragung

Meinungen sind kaufentscheidend

Das persönliche Interview hat den Vorteil, dass der Interviewer **Beobachtungen** zum Erscheinungsbild oder zur Körpersprache **zusätzlich** festhalten kann. Außerdem können anhand dieser Erhebungsmethode **komplexe und längere Befragungen** durchgeführt werden. Zudem hat es, bedingt durch den persönlichen Kontakt zwischen Interviewer und Interviewtem, eine hohe Erfolgsquote und infolgedessen eine **tendenziell hohe Repräsentativität**.

Befragungsdauer

Für Straßenbefragungen wird man nicht mehr als 10 Minuten ansetzen, Telefoninterviews dauern zwischen 2–40 Minuten, Hausinterviews 10–60 Minuten, Tiefeninterviews (Explorationen) 60 Minuten und länger.

Befragungskosten

Die **persönliche Befragung ist die teuerste Erhebungsmethode**. Eine Befragung mit 1.000 Befragten, repräsentativ in Deutschland mit 30–40 Fragen, kostet inkl. Auswertung, Bericht und Präsentation ca. 35–45.000 € (vgl. Berekoven 1999, S. 106).

Strukturiertes Interview

Ein weiterer möglicher **Nachteil** liegt in der **Beeinflussungsmöglichkeit** seitens des Interviewers (z. B. durch Voreingenommenheit oder Verfälschung der Fragestellung). Dies kann zu Verzerrungen bei den Antworten führen. Um dies zumindest theoretisch zu verhindern, werden die **Fragen und Antwortmöglichkeiten beim strukturierten Interview wörtlich vorgegeben**. Daher auch der Begriff.

> **Beispiel**
>
> Ein Interviewer stellt statt der vorgegebenen Frage »Ist Ihnen die Marke Nivea bekannt?« die Frage »Ihnen ist doch bestimmt die Marke Nivea bekannt, oder?«. Selbst wenn der Befragte diese Marke nicht kennt, traut er sich möglicherweise auf Grund dieser Fragestellung nicht mehr, mit »Nein« zu antworten.

Vorteile	Nachteile
• Hohe Antwortquoten • Auch komplexe Fragestellungen möglich • Z.T. heikle Themen möglich • Lange Befragungen (bis zu 60 Minuten) möglich • Alle Materialien einsetzbar (Produktproben, Bilder, usw.) • Filterfragen möglich • Gewähr, dass die Zielperson selbst antwortet • Hohe Zuverlässigkeit	• Teuer • Sehr zeitaufwändig • Einige Personen verweigern (z.B. aus Angst vor Überfällen oder Vertreterbesuchen) die Auskunft • Ggf. unüberlegte Antworten (Zeitdruck durch Interviewer) • Interviewerbeeinflussung möglich • Ggf. Schwere Erreichbarkeit der Zielpersonen (z.B. Ärzte, Berufstätige)

Tab. 5.3: Vor- und Nachteile der persönlichen Befragung

Für einige Inhalte besteht gar keine andere Erhebungsmöglichkeit, z. B. wenn der Befragte ein Produkt anfassen oder zu Hause ausprobieren muss. Zunehmend wird bei persönlichen Befragungen ein Laptop zur Unterstützung eingesetzt.

Eine Art der persönlichen Befragung ist die **Exploration**, auch **freies oder qualitatives Interview** genannt. Hierbei hat der Interviewer keinen fest vorgegebenen Fragebogen, sondern meistens einen **Interviewer-Leitfaden**, d. h. eine grobe Skizze der Vorgehensweise während des Interviews. Insbesondere bei Tiefen- oder Intensivinterviews darf der Leitfaden nicht zur Einschränkung des Antwortspielraumes benutzt werden. Bei unerwarteten Antworten muss häufig vom Leitfaden zeitweise abgewichen werden.

Exploration

Dieses Verfahren wird im technischen Bereich als sog. **Expertengespräche** (z. B. zu einem neuen Produkt) angewendet, aber auch, um Images und Einstellungen zu einem Produkt oder einer Firma festzustellen. Daher ist es zumeist notwendig, »Experten« (z. B. Ingenieure bzw. Psychologen) als Interviewer einzusetzen.

Expertengespräche

Das qualitative Interview wird insbesondere dann angewandt, wenn es wichtig ist, dem Befragten einen **großen Freiraum** zu lassen, und wenn Antworten und sich darauf aufbauende Folgefragen nicht im Voraus bestimmt werden können.

Nachteile dieser Methode sind die **mangelnde Vergleichbarkeit** zwischen den einzelnen Interviews und die **große Beeinflussungsmöglichkeit durch den Interviewer**. Zudem muss der **Interviewer sehr kompetent** sein und genügend Erfahrung auf dem eigentlichen Befragungsgebiet haben, um auch in der Lage zu sein, die Antworten richtig wiederzugeben und darauf aufbauend Folgefragen zu stellen. Naturgemäß ist hierbei auch die **Auswertung erheblich schwieriger als bei strukturierten Interviews**. Aus diesem Grund werden Explorationen auch **häufig aufgezeichnet**. Es empfiehlt sich, dass auch der Auftraggeber sich die gesamten (oder zumindest einen Teil der) Aufzeichnungen anhört und sich selbst ein Urteil bildet.

Eine Sonderform der persönlichen Befragung ist die **Gruppendiskussion, auch Fokusgruppe** (vgl. Uhe 2001) genannt. Hier werden etwa 6–12 Personen eingeladen, die dann unter der Leitung eines erfahrenen Moderators (maximal zwei Stunden) über ein vorgegebenes Thema diskutieren.

Gruppendiskussion

Diese Personen sollten in keinem Fall abhängig voneinander sein (Ehepaar oder Mitarbeiter/Vorgesetzter); zudem sollte kein zu großes soziales Gefälle vorhanden sein.

Haupziel = breites Meinungsspektrum	Im Gegensatz zu einer Exploration, bei der es darum geht, in die Tiefe zu gehen, ist hier die Abfrage eines breiten Meinungsspektrums das Hauptziel. Der **Moderator** benutzt auch hier lediglich einen **Leitfaden** und sollte sich im Wesentlichen darauf beschränken, die Diskussion in Gang zu bringen (**Eisbrecherfunktion**) und zu halten und möglichst alle Teilnehmer zu Äußerungen zu ermutigen und die **Gruppendynamik** (Meinungsführer, stille Teilnehmer) zu **kontrollieren**.
Animationstechniken	Der Gesprächsleiter nutzt bei Bedarf Animationstechniken (Kartenabfrage, Einpunktabfrage, Bewertungsabfragen, Visualisierung durch Flipchart/Metaplanwand).

Notwendig sind folgende Voraussetzungen:
- Raum mit angenehmer Gesprächsatmosphäre (großer Tisch, bequeme Stühle, helle Tapeten, ausreichende Beleuchtung, u. a. für Videoaufnahme),
- Aufzeichnungsmöglichkeiten (Video, Tonband),
- Metaplanwände, Flipchart, Moderatorenkoffer,
- Bewirtung (i. d. R. nur Getränke und Imbiss in der Pause, um Redefluss nicht zu stören).

Die Gruppendiskussion weist unterschiedliche Vor- und Nachteile auf:

Vorteile	Nachteile
• Beobachtbarkeit der Reaktionen • Intensive Auseinandersetzung mit einem Thema • Vielschichtigkeit der Auseinandersetzung • Verfolgung der Übernahme von Argumenten durch andere Gruppenmitglieder • Direkte Erkenntnisse über Einstellung • Hören der »Originalsprache« der Zielgruppe • Schnelligkeit in der Durchführung • Kostengünstig (im Vergleich zum standardisierten Interview) • Gruppenergebnisse sind Einzelergebnissen zumeist überlegen • Spontane Reaktionen werden sichtbar • Nutzung des Schneeballeffektes, einmal angestoßene Ideen werden weiterverfolgt • Intensive Ermittlung zu einem Thema • Entdeckung auch von nicht durch Fragen vorgegebenen Gesichtspunkten	• Ggf. Entstehung von Gruppendruck (Meinungsführer beeinflussen die gesamte Gruppe) • Ggf. geringe Aufmerksamkeit der Teilnehmer • Auf Grund von Intensität und Konzentration sehr hohe Moderatorenbeanspruchung • Repräsentativität oft unzureichend • Aussagen sind oft interpretationsbedürftig • Suggestion der gewonnenen Eindrücke • Keine Vergleichbarkeit zwischen verschiedenen Veranstaltungen

Tab. 5.4: Vor- und Nachteile von Gruppendiskussionen

Der große Vorteil besteht darin, dass man in relativ kurzer Zeit ein **breites Spektrum von Meinungen** und Ideen erhält und die Kosten sich in Grenzen halten. Der Hauptnachteil besteht in der **geringen Repräsentativität**. Man erhält also eher qualitative, denn quantitative Aussagen.

In der Praxis verwendet man vielfach Gruppendiskussionen als Grundlage für eine nachfolgende Befragung von Einzelpersonen, d. h. um Kernfragen des Fragebogens festzulegen und um den Fragebogen zu verfeinern.

Gruppendiskussion = Grundlage für nachfolgende Befragungen

Gruppendiskussionen gelten auch als **ideales Mittel**, um **heikle Themen** (Verhütung, Inkontinenz usw.) zu erforschen, da die Gruppe für die Befragten wie »ein sicherer Hort« wirkt und man sich durch die Meinung anderer sicherer fühlt.

Auch hier wird das Gespräch (häufig Bild und Ton) aufgezeichnet; hinsichtlich der Auswertung gilt das Gleiche wie bei einer Exploration.

5.3.2.2 Schriftliche Befragung

Bei der schriftlichen Befragung sollte ein fest vorgegebener (**standardisierter**) **Fragebogen** benutzt werden, um die Antworten vergleichen zu können. Der Fragebogen wird per Post, per Fax, per Mail verschickt oder ist als Homepage im Internet hinterlegt, womit sich die Befragungskosten im Vergleich zur mündlichen Befragung deutlich (bis zu 3/4 preiswerter, je nach Rücklaufquote, vgl. Berekoven 1999, S. 113) verringern.

Standardisierter Fragebogen, um die Antworten vergleichen zu können

Wichtigstes Ziel der schriftlichen Befragung ist die Motivation für eine **umfassende und korrekte Beantwortung** sowie die **Rücksendung** des Fragebogens. Hierzu werden neben einem ansprechendem Anschreiben häufig **Preise oder die Teilnahme an einem Gewinnspiel** ausgelobt. Diese sollten aber **nicht übertrieben großzügig** sein, da dann ggf. nur ein bestimmter Personenkreis (»**Gewinnjäger**«) antwortet oder die Gefahr zu »**Gefälligkeitsantworten**« besteht (...»bei den Preisen darf ich nicht schlecht über das Produkt urteilen, sonst komme ich nicht in die Verlosung«). Bei einigen Unternehmensbefragungen wird **als Anreiz** auch die **Zusendung der Ergebnisse** zugesichert, was die korrekte Antwortbereitschaft ebenfalls erhöht.

Ziel schriftlicher Befragungen = korrekte Beantwortung und Rücksendung

Um die Datenerfassung zu vereinfachen, werden zunehmend **computerlesbare Fragebögen** verwandt, die dann mittels eines Scanners ausgewertet werden.

Zur leichteren Datenerfassung: computerlesbare Fragebögen

Auch bei dieser Befragungsart stehen den Vorteilen eine Reihe von Nachteilen gegenüber (vgl. Tabelle). Dennoch hat diese **Art der Befragung** vor allem in der Industrie eine **hohe Bedeutung**, da hier die Themen der Befragung für die Zielpersonen (z. B. mögliche Kunden für eine Produktneuentwicklung) von hohem Interesse sind, sodass die Bereitschaft zur Teilnahme deutlich über dem Durchschnitt liegt. Auch bei Mitarbeiterbefragungen sowie in Hotels und Restaurants (Zufriedenheitsabfrage) wird diese Art der Befragung eingesetzt.

Vorteile	Nachteile
• Schnell • Kostengünstig • Kein Interviewereinfluss • Antworten können überlegter erfolgen (kein Zeitdruck) • Räumlich weit entfernte Personen sind leicht erreichbar • Große »Stückzahlen« leicht handhabbar	• geringe Rücklaufquoten (i. d. R. senden nur 10–30% der Personen den Fragebogen zurück) • sehr zeitaufwändig (Rücksendung erst nach nochmaliger Erinnerung) • eingeschränkter Fragenumfang (keine erklärungsbedürftigen Fragen) • Filterfragen (bei ja weiter mit Frage 4, bei nein weiter mit Frage 7) sind nur bedingt möglich; dies gilt nicht bei Internetbefragungen • keine Gewähr, dass auch wirklich die zu befragende Person die Fragen (in der vorgegebenen Reihenfolge) beantwortet hat • Stichprobenfehler, d. h., es antworten nur die Personen, die dem Thema besonders günstig oder kritisch gegenüberstehen, die Mittelgruppe bleibt außen vor

Tab. 5.5: Vor- und Nachteile der schriftlichen Befragung

5.3.2.3 Telefonische Befragung

Eine Form der Befragung, die in den letzten Jahren mehr und mehr an Bedeutung gewonnen hat, ist die telefonische Befragung. Die Telefondichte ist in Deutschland so groß, dass Repräsentativität erreicht werden kann. Im Bereich von Firmen und Institutionen ist diese Befragungsform sehr verbreitet. Die großen Vorteile liegen in der **Schnelligkeit**, den vergleichsweise geringen Kosten und der leichten Erreichbarkeit der zu befragenden Personen.

Verbreitete Befragungsform

Die meisten telefonischen Befragungen werden heute **computergestützt** vorgenommen.

Vorteile	Nachteile
• Schnell (»Blitzumfragen«) • Kostengünstiger als persönliche Befragung • Kaum Interviewereinfluss • Gute Kontrollmöglichkeiten durch »Mithören« • Antworten können überlegter erfolgen (kein Zeitdruck) • hohe Antwortquoten • Filterfragen möglich • hohe Gewähr, dass die zu befragende Person selbst antwortet • Reihenfolge der Fragen wird berücksichtigt • Räumlich weit entfernte Personen leicht erreichbar	• teurer als schriftliche Befragung • eingeschränkter Fragenumfang (keine erklärungsbedürftigen Fragen) • nur kurze Befragungen (10–15 Minuten) möglich • Befragungsmaterial wie z. B. Bilder nicht anwendbar • Ggf. höhere Tendenz zu Falschaussagen wegen Anonymität

Tab. 5.6: Vor- und Nachteile der telefonischen Befragung

5.3.2.4 Computergestützte Befragung

Um die Kosten der Datenerhebung und -eingabe (in die Statistikprogramme für die Auswertung) und auch deren Fehlermöglichkeiten zu reduzieren, wird zunehmend der Computer als unterstützendes Element zu Hilfe genommen.

Ziel = Kosteneinsparung, Fehlerreduzierung

Bei der computergestützten Befragung werden die **Daten direkt erfasst und gespeichert**, sodass auch eine **umgehende Auswertung möglich** ist.

Daten können umgehend ausgewertet werden

Der Interviewer führt das Interview mittels eines Laptops/Handheld-PC oder eines anderen PCs durch. Dabei läuft der Fragebogen auf dem Computer automatisch ab und die Ergebnisse werden mithilfe der **Tastatur** oder mithilfe eines Bildschirms mit **Touchscreen**-Funktion oder mit einem **Lichtstift** eingegeben.

Bei der **CAPI-Methode** (CAPI steht für Computer Assisted Personal Interviewing (vgl. Berekoven 1999, S. 107)) steht der **Computer dem Interviewer als Hilfe** zur Verfügung, bei der **CSAQ-Methode** (CSAQ für Computer Self Administered Questionnaires (vgl. Weis 1998, S. 78)) hingegen werden die Fragen von den **Befragten völlig selbstständig**, d. h. ohne jeglichen Einfluss des Interviewers, direkt auf dem Rechner beantwortet. Dabei werden die Rechner z. B. auf Messen, Bahnhöfen oder in Einkaufszentren aufgestellt.

CAPI/CSAQ

Wenn die Auswahl der Befragten nicht durch einen Interviewer erfolgt, beteiligen sich im Wesentlichen nur Computerinteressierte an der Befragung.

Vorteile	Nachteile
• Kostengünstiger und schneller als klassische Befragung (Zeit der Dateneingabe und -übertragung) • Keine Übertragungsfehler bei Dateneingabe • Kein Interviewereinfluss (CSAQ) • Filterfragen problemlos möglich • Reihenfolge der Fragen wird berücksichtigt • Befragte sind sich ihrer Anonymität sicher • Bilder und Videos durch Multimedia möglich • Bessere interne Kontrollmöglichkeiten (Protokollierung der PC-Nutzung)	• Hoher einmaliger Aufwand (Hardware) • Eingeschränkter Fragenumfang (nur einfache, nicht erklärungsbedürftige Fragen) • Ggf. Probleme bei Repräsentativität (nur computerinteressierte Personen) • Bestimmtes Befragungsmaterial wie z. B. Produkte (Fühlen, Tasten, Riechen) nicht anwendbar • Ggf. höhere Tendenz zu Falschaussagen wegen Anonymität • Ggf. Handlingprobleme bei Interviewern oder Befragten • Kosten für Interviewerschulung • Beeinflussung durch Interviewer (CAPI) • Ggf. Datenschutzprobleme (Daten werden illegal kopiert)

Tab. 5.7: Vor- und Nachteile computergestützter Befragungen

CATI Eine **Mischform zwischen telefonischer und computergestützter Befragung** ist die sog. **CATI-Befragung** (Computer Aided Telephone Interviewing), die heutzutage die Arbeit des Telefoninterviewers mit einem schriftlichen Fragebogen fast vollständig verdrängt hat.

Hierbei wird die zu befragende Person direkt vom Computer angewählt (der Telefoninterviewer bekommt das Gespräch erst dann »zugeschaltet«, wenn sich der Teilnehmer gemeldet hat). Der Interviewer liest die Fragen vom Bildschirm ab und gibt die Antworten dann direkt in den Rechner ein. Dies **reduziert die Kosten und erhöht die Geschwindigkeit**. Vereinzelt wird dies durch eine Spracherkennung noch automatisiert, sodass der Befragte die Antworten auf ein Band spricht, welches nachher automatisch ausgewertet wird. Allerdings hat dieses Verfahren sehr **große Akzeptanzprobleme**.

Internet = Befragungsmedium der Zukunft

Wohl kaum ein Medium hat so einen rasanten Aufschwung erlebt wie das **Internet**. Die Vorteile, die dieses Medium bietet, will sich auch die Marktforschungsindustrie zu Nutze machen. Prinzipiell gibt es hier drei Varianten:
1. **Zusendung** des Fragebogens **per E-Mail und Rücksendung per E-Mail** als angehängte Datei.
2. **Ankündigung** des Fragebogens **per E-Mail mit Link** zu einer bestimmten Web-Adresse, auf der dieser Fragebogen hinterlegt ist,
3. **ausschließliche Hinterlegung** des Fragebogens **auf einer Web-Adresse** ohne individualisierte Ansprache.

Bei der dritten Variante kann durch **Bannerwerbung oder Links** von anderen Seiten auf diese Befragung aufmerksam gemacht werden. Ggf. wird dann hier auch mit zusätzlichen Anreizen (Preisausschreiben) gearbeitet. Dies wird von findigen Internetanwendern aber bereits wieder ausgenutzt, indem diese den Fragebogen überspielen und ihn automatisiert ausfüllen lassen (z. B. Antworten durch Zufallsgenerator) und dann mit der Adresse von Privatpersonen versehen. Diese Privatpersonen geben solchen Internetanwendern ihre Adresse und zusätzlich eine kleine Gebühr und haben dann keine Arbeit mit dem Ausfüllen des Fragebogens, wohl aber die Chance auf einen Gewinn. Man erhält also vollkommen nutzlose Informationen. Hieraus folgt, dass zu hohe Anreize ihren Sinn verfehlen.

Zu hohe Anreize verfehlen ihren Sinn

Die Internetbefragungen werden auf Grund der **Kosten- und Zeitvorteile** stark an Bedeutung gewinnen, sie sind jedoch heute noch auf computerinteressierte Zielgruppen beschränkt. Der Einsatz von Bild-, Video- und Tonmaterial ist heute auf Grund der langsamen Übertragungszeiten nicht ratsam, da er schnell zum Abbruch des Interviews führt.

Auch ist die Bereitschaft, lange Interviews durchzuführen, sehr eingeschränkt, das Design der Webseiten ist hier entscheidend. Als Faustregel empfiehlt sich eine Dauer von ca. 10 Minuten.

Befragungsdauer: max. 10 Minuten

Nachteilig wirkt sich z.Zt. noch aus, dass **kein vollständiges E-Mail-Verzeichnis** ähnlich dem Telefonbuch existiert; bei Kundenbefragungen zeigt sich hier wieder sehr schnell die Qualität der Kundendatenbank, daher sollte bei Kunden und Interessenten die E-Mail-Adresse stets abgefragt werden. Es gibt bereits eine Vielzahl von Marktforschungsinstituten, die sich auf Internetbefragungen spezialisiert haben.

Zusammenfassend sollen die einzelnen Befragungsformen anhand der wichtigsten Kriterien einander gegenüber gestellt werden. Es handelt sich um grobe Aussagen, die je nach Befragungsthema und Zielgruppe nur bedingt zutreffen. Ersichtlich wird jedoch: **Die beste Befragungsart gibt es nicht, es kommt immer auf den Einzelfall an.**

	Persönlich	**Schriftlich**	**Telefonisch**	**Computergestützt**
Rücklaufquote	Sehr hoch	niedrig	hoch	mittel (unterschiedlich)
Kosten	hoch	niedrig	mittel	niedrig (insb. Internet); hoher einmaliger Aufwand (CATI/CSAQ)
Interviewereinfluss	ja	nein	möglich (aber Kontrolle durch Mithören)	nein (Ausnahme CAPI)
Filterfragen	möglich	schwierig	problemlos	problemlos
Komplexe Themen	ja, lange Interviews	nur einfache, nicht erklärungsbedürftige Fragen	nur einfache, nicht erklärungsbedürftige Fragen	nur einfache, nicht erklärungsbedürftige Fragen
Zusätzliches Material	möglich	schwierig	nein	Bilder und Videos durch Multimedia; Befragungsmaterial wie z.B. Produkte (Fühlen, Tasten) nicht möglich (Ausnahme CAPI)
Zielgruppenerreichbarkeit	gut; weit entfernte teuer	gut; weit entfernte leicht erreichbar; große Stückzahlen handelbar	gut; weit entfernte leicht erreichbar	nicht gut; nur Computerinteressierte; weit entfernte leicht erreichbar; große Stückzahlen handelbar
Beeinflussung durch Dritte	nein; hohe Wahrscheinlichkeit, dass Zielperson selbst antwortet	möglich; keine Garantie, dass Zielperson selbst ausfüllt	nein; hohe Wahrscheinlichkeit, dass Zielperson selbst antwortet	möglich; keine Garantie, dass Zielperson selbst ausfüllt

Tab. 5.8a: Vergleich der Befragungsmethoden

	Persönlich	Schriftlich	Telefonisch	Computergestützt
Schwierige Tabuthemen	möglich (Gruppendiskussion)	nein	nein	bedingt möglich (Internet)
Antwortqualität	hoch; ggf. Zeitdruck	kein Zeitdruck	ggf. Zeitdruck; ggf. Tendenz zu Falschaussagen wegen Anonymität	Kein Zeitdruck (Internet); ggf. Tendenz zu Falschaussagen wegen Anonymität
Schnelligkeit	langsam	langsam	schnell (»Blitzumfragen«)	schnell (Internet)
Anonymität	nein	nein	nein	bedingt ja
Interne Kontrollmöglichkeiten	mittel	hoch	hoch	hoch
Datenerfassung	manuell, Scanner	manuell, Scanner	automatisch, keine Fehleingaben (CATI)	automatisch, keine Fehleingaben

Tab. 5.8b: Vergleich der Befragungsmethoden

5.3.3 Gestaltung der Befragung

Gestaltung des Fragebogens ist entscheidend

Durch die Gestaltung des Fragebogens und des Anschreibens (bei schriftlichen Befragungen) kann man die Antwortwahrscheinlichkeit und die Antwortqualität erheblich beeinflussen. Daher empfiehlt es sich immer – auch wenn man unter Zeitdruck steht – einen **Pretest des Fragebogens** durchzuführen. Man legt ihn Personen der Zielgruppe vor und beobachtet, ob er richtig verstanden wird, und befragt diese Personen, ob sie Schwierigkeiten oder Probleme beim Ausfüllen hatten.

Pretest

 Fehler, die hier gemacht werden, können die gesamte Untersuchung scheitern lassen.

Um die Antwortquote zu erhöhen, sollten Sie folgende Punkte berücksichtigen:

Tipps zur Erhöhung der Antwortquote

- Generell sollten schriftliche Befragungen vier DIN A4-Seiten (möglichst **eine gefaltete DIN A3-Doppelseite**) nicht überschreiten.
- Der **Sprachstil** sollte **allgemein verständlich** sein, Fachbegriffe sind zu vermeiden (Ausnahme: Befragung richtet sich ausschließlich an Spezialisten, z. B. Ärzte).
- Eine **telefonische Vorankündigung** erhöht die Antwortbereitschaft und ist bei schwierig zu erreichenden Berufsgruppen unerlässlich.
- Die **Anonymität** sollte ausdrücklich **garantiert** werden.
- Das **Anschreiben** sollte **kurz und prägnant** sein (max. 1 Seite).
- Im Anschreiben sollte erklärt werden, welche **Vorteile** dem Befragten entstehen, wenn er antwortet (z. B. »die Produkte entsprechen

dann Ihren Wünschen« oder »Ihnen werden die Ergebnisse der Studie zugesandt« usw.).
- Im Anschreiben sollte **eine Person** benannt werden, die bei Fragen **kompetent Antwort geben** kann.
- **Kleine Präsente** unterstützen die Antwortbereitschaft, bei Gruppendiskussionen oder Explorationen ist eine **Aufwandsentschädigung** üblich.
- Ein **frankierter, adressierter Rückantwortumschlag** ist unerlässlich. Die Alternative »Porto zahlt Empfänger« ist preiswerter, als die, alle Umschläge zu frankieren, da dann nur das Porto für die tatsächlichen Rückläufer anfällt.
- Der **Fragebogen** soll **übersichtlich und klar gestaltet** sein; aus der Gestaltung und dem Umfang wird auf den Zeitbedarf für das Ausfüllen geschlossen.
- Fragebögen dürfen **keine Unterschreibungsmöglichkeit** seitens des Befragten vorsehen.
- Leicht zu beantwortende und Interesse weckende Fragen sollten am Anfang stehen (**Kontakt-/Eisbrecherfrage**).
- **Statistische Fragen** (Alter, Geschlecht, Einkommen usw.) werden **am Ende** geklärt, ausgenommen, es handelt sich um Filterfragen.
- Eine **Nachfassaktion** erhöht die Antwortquote, dabei sollte dann ein neuer Fragebogen beigelegt werden.

Grundsätzlich unterscheidet man zwischen **geschlossenen und offenen Fragestellungen**.

Geschlossene Fragen sehen feste Antwortkategorien im Fragebogen vor. Die häufigsten Formen sind:
- **Ja/Nein-Fragen**: Fragen, die mit »Ja« oder »Nein« beantwortet werden können; zumeist wird zusätzlich noch die Kategorie »Weiß nicht« oder »Keine Angabe« eingefügt. (Beispiel: »Haben Sie gestern Abend die Werbung für den VW-Passat gesehen?« – Antwortkategorien: Ja/Nein/Keine Angabe.)

- **Alternativfragen**: Aus einer Reihe von Antwortvorgaben sind eine (**Einfachauswahlfragen**) oder mehrere Antworten (**Mehrfachauswahlfragen**) auszuwählen. (Beispiel: »Wie viele Personen leben in Ihrem Haushalt, Sie selbst eingeschlossen?« – Antwortkategorien: Eine Person/Zwei Personen/Drei Personen/4 und mehr Personen.)

- **Skalierungsfragen**: Mithilfe dieser Fragestellungen kann man den Grad der Zustimmung oder Ablehnung zu einer Aussage feststellen oder die Wichtigkeit einer Eigenschaft ermitteln. Diese Fragenart benötigt man für den Einsatz multivariater Auswertungsverfahren. (Beispiel: »Der Verbundstudiengang Technische Betriebswirtschaft bietet von allen möglichen Studiengängen die größte Praxisrelevanz.« – Antwortkategorien: Stimme voll und ganz zu/Stimme etwas zu/Stimme weniger zu/Stimme gar nicht zu.)

- **Rangfragen**: Der Befragte bringt die vorgegebenen Antwortmöglichkeiten in eine Reihenfolge. (Beispiel: »Stellen Sie sich bitte vor, Sie würden sich jetzt eine neue Tube Zahnpasta kaufen und Sie könnten nur aus den folgenden Marken wählen. Welche Marke würden Sie an erster Stelle, welche an zweiter usw. aussuchen? Schreiben Sie bitte den jeweiligen Rangplatz in das vorgegebene Kästchen.« – Antwortkategorien: Blend a Med, Colgate, Dentagard, Odol med 3, Aronal/Elmex, Theramed.)

Bei **offenen Fragen** gibt es hingegen keine Vorgabe von Antwortmöglichkeiten, der Befragte kann antworten, wie er möchte, seine Antwort wird wörtlich notiert. (Beispiel: »Warum haben Sie Ihr Girokonto nicht bei der Postbank? – Intervieweranweisung: Antwort wörtlich notieren.«)

Leichtere Auswertung bei geschlossenen Fragen

In der Praxis verwendet man bei weitem mehr **geschlossene** als offene **Fragen**, da die **Antworten vergleichbar** sind, die **Auswertung einfacher** ist und sich somit auch die **Kosten reduzieren**.
Zudem ist die Bereitschaft, offene Fragen zu beantworten, sehr eingeschränkt.

5.3.4 Beobachtung

Beobachtung ist unabhängig von der Auskunftsbereitschaft

Im Rahmen der Datenerhebungsmethoden innerhalb der Marktforschung ist die Bedeutung der Beobachtung weit geringer als die der Befragung.

> Unter Beobachtung versteht man die planmäßige und zielgerichtete Erfassung von wahrnehmbaren (z. B. sehen, fühlen) Tatbeständen bei Versuchspersonen durch geschulte Beobachter und mithilfe von Geräten.

Auch ohne Auskunftsfähigkeit und -bereitschaft der Versuchspersonen sind hier Ergebnisse zu erzielen. Insbesondere soll erforscht werden
- das **Einkaufsverhalten** (Store-Beobachtung)
- das **Handhabungs-/Nutzenverhalten** und
- das **Informationsverhalten** (Mediennutzung, Anzeigengestaltung).

Die Beobachtungsmethoden werden in **Labor- und Feldbeobachtung** unterteilt.

5.3.4.1 Laborbeobachtung

Die Laborbeobachtung erfolgt in einer künstlich geschaffenen Umwelt – meistens in einem Studio. Hier werden fast immer technische Apparaturen eingesetzt, die jedoch schlecht beschrieben werden können, weshalb sie hier nicht weiter besprochen werden (für Anschauungsmaterial vgl. Uhe 2001). Bei Handhabungstests ist nur diese Art der Beobachtung möglich (Beispiel: Eine Bank beobachtet, ob die Bedienerführung der Geldautomaten von den Testpersonen verstanden wird).

Der Hauptvorteil der Laborbeobachtung liegt in der **Isolierung** und der **Kontrollierbarkeit** der interessierenden Faktoren. Allerdings muss damit gerechnet werden, dass sich die Testpersonen **atypisch verhalten**, da sie sich ihrer Situation bewusst sind.

5.3.4.2 Feldbeobachtung

Im Gegensatz dazu ist den Testpersonen bei der Feldbeobachtung i. d. R. nicht bewusst, dass sie beobachtet werden, weil dies in ihrer normalen Umwelt stattfindet, wie z. B. im Supermarkt, auf der Straße etc. **Der große Vorteil dieser Methode ist, dass sich die Versuchspersonen vollkommen natürlich verhalten.**

Ein (einfaches) Beispiel für diese Form der Erhebung ist das **Zählverfahren**, bei dem z. B. innerstädtische Passantenströme gemessen werden, die für einen Einzelhändler zur Standortanalyse von Bedeutung sind. Auch diese Art der Beobachtung erfolgt heute zunehmend mithilfe technischer Geräte (Beispiel: in einem Möbelhaus existieren an vielen Stellen Lichtschranken, die die tägliche Anzahl der Kunden in den einzelnen Stockwerken zählen).

Zählverfahren

Auch die **Fernsehforschung**, bei der die **Einschaltquoten** der einzelnen Sender mit Hilfe eines Zusatzgerätes (GfK-Meter) am Fernsehapparat in repräsentativ ausgewählten Haushalten ermittelt werden, ist ein Beispiel für die Feldbeobachtung.

Fernsehforschung

Um die Einschaltquoten zu messen, wird das Ein-, Aus- und Umschalten, sowie die Anwesenheit der einzelnen Personen festgestellt. Diese melden sich mittels eines Codes an einer Fernbedienung an (max. 7 Haushaltsangehörige und Gäste). Die Daten werden per Telefonleitungen weitergeleitet und sind am nächsten Tag per Videotext verfügbar. Zurzeit sind ca. 2.800 Haushalte an diesem Verfahren beteiligt (vgl. Weis 1998, S. 126). Auf Grund der wachsenden Zahl an Privatsendern ist deren Bedeutung in den letzten Jahren rasant gestiegen. Allerdings wird auch immer häufiger Kritik an diesem Verfahren laut, da man von der Bereitschaft und Zuverlässigkeit **aller** Personen in einem Testhaushalt zum korrekten (d.h. erst nach jeweiliger Anmeldung) Ein- und Umschalten abhängig ist.

5.3.5 Experiment

 Beim Experiment soll mithilfe bestimmter Versuchsanordnungen die jeweilige Auswirkung von Marketingvariablen (z.B. neue Werbekampagne, Produktneueinführung) unter kontrollierten Bedingungen getestet werden.

Ziel ist die Feststellung eines **Ursache-Wirkungszusammenhangs** (vgl. Weis 1998, S. 133f.). Die Ursache ist der Testfaktor, die Wirkung der Wirkfaktor – alle anderen Einflussfaktoren sollen möglichst ausgeschlossen werden. (Beispiel: Testfaktor: Preiserhöhung von 10 auf 11 € – Wirkfaktor: Umsatzveränderung – gleiche Verpackung, Sonderangebote der Konkurrenz etc. sollen hier keine Rolle spielen.)

Beispielhaft für das Experiment wird hier der Produkt- und der Markttest beschrieben.

5.3.5.1 Produkttest

Beim Produkttest probieren ausgewählte Personen bereitgestellte Produkte aus und werden anschließend zu ihren subjektiven Wahrnehmungen und/oder zur Beurteilung dieser Produkte befragt.

Diese Tests können nach folgenden Kriterien unterschieden werden:
- **Testumfang**: Das gesamte Produkt kann getestet werden oder nur Teilkomponenten (z.B. Preis, Verpackung, Name, Technik).

- **Ort der Durchführung**:
  - außerhalb eines Labors/Studios (Beispiel: Verschicken eines neuen Produkts in ausgewählte Haushalte),
  - in einem Labor/Studio. Vorteile: Kontrollmöglichkeit; Vermeidung von Beeinflussung durch andere oder von der Nichteinhaltung der Testanweisung.

- **Form der Darbietung**:
  - Blindtest: Hier ist nicht erkennbar, um welchen Hersteller/welche Marke es sich handelt (z.B. bei Geschmackstests),
  - Identifizierbarer Test: Das Produkt wird in marktüblicher Verpackung getestet, was den Vorteil der besseren Simulation der

Wirklichkeit hat, aber auch den Nachteil, dass andere Eigenschaften (Markenname, Image) das eigentliche Ergebnis überlagern. So ist z. B. festgestellt worden, dass Wein aus einer Flasche mit Korkverschluss von den Probanden besser beurteilt wurde als der identische Wein in einer Flasche mit Schraubverschluss.

5.3.5.2 Markttest (Testmarkt)

 Beim Markttest verkauft man Testprodukte probeweise in einem begrenzten repräsentativen Gebiet (z. B. Saarland) unter feststehenden, bekannten Bedingungen.

Dieser Test zur Überprüfung der Marktchancen steht der Realität am nächsten. Anhand der Testergebnisse kann man einerseits feststellen, ob und wie viel eines neuen oder geänderten Produkts verkauft werden (**Prognoseinformation**), andererseits ist eine Untersuchung der **Wirksamkeit einzelner Marketinginstrumente** (Verpackungsveränderung, Preisvariation usw.) möglich.

Damit dieser Test auch später auf das gesamte Absatzgebiet übertragbar ist, ist die Repräsentativität von großer Bedeutung.

Ein Markttest ist dann **repräsentativ**, wenn hinsichtlicher folgender Kriterien das Testgebiet mit dem gesamten Absatzgebiet (vgl. Weis 1998, S. 138) übereinstimmt:
- Demografische Daten der Konsumenten (Alter, Haushaltsgröße, Einkommen usw.),
- Wettbewerbssituation (keine besonders starken regionalen Anbieter),
- Handelssituation, wenn über den Handel vertrieben wird,
- Vertriebsbedingungen,
- Medienstruktur (Tageszeitungen, regionaler Hörfunk usw.).

Mit diesem Verfahren kann nicht nur das Käuferverhalten, sondern ggf. auch das gesamte Marktverhalten erforscht werden.

Es hat aber die großen Nachteile, dass es mit **sehr hohen Kosten** verbunden ist, **viel Zeit** beansprucht und außerdem **viele Risiken** birgt (z. B. falsche Auswahl des Testmarktes, Störaktionen der Konkurrenz, da Geheimhaltung meist nicht möglich etc.).

Um einen Markttest erfolgreich durchzuführen, ist eine **umfangreiche Vorbereitung** erforderlich. Folgende Abbildung stellt die wichtigsten Schritte zusammen.

Repräsentativität von großer Bedeutung

Checkliste
• Testmarktgebiet und Testdauer mit allen Beteiligten abstimmen
• Testmarkt-Zielsetzungen schriftlich festlegen – qualitativ (z. B. Messung der Verbraucherakzeptanz) – quantitativ (z. B. Distributionsgrad von x%, Marktanteil von x%, Mindestumsatz von x% etc.)
• Testmarktzeitpunkt bestimmen (Beginn – Ende)
• Festlegung der Erfolgskriterien (einschließlich Vergleichsbasis)
• Mengenschätzung für erfolgreiche Einführung
• Festlegung des Einführungspreises, der Rabatte und der Werbekostenzuschüsse
• Werbekonzeption festlegen
• Verkaufsförderung konzipieren
• Außendienst informieren und trainieren
• Festlegung des Beginns der Listungsgespräche im Handel
• Freigabe der Testmarktprodukte durch Labor und rechtzeitige Warenbevorratung
• Präsentation vor den Key Accounts vorbereiten
• Budgetfestlegung, Kostenvergleich zwischen mehreren Testmarktalternativen
• Festlegung etwaiger Verkaufsrunden
• Planung für den Außendienst (Besuche, Touren, Gesprächsführung)
• Hostessen- bzw. Propagandisteneinsätze planen
• Testmarktkontrolle (Berichtswesen): Marktforschungsinstrumente, Auftragserfolg der Außendienstmitarbeiter, Listungsstand, eigene Erhebungen, eigene Absatzstatistik.

Abb. 5.4: Checkliste zur Vorbereitung eines Markttestes (Quelle: Weis, H./Steinmetz, P.: Marktforschung, 4. Aufl. 2000, S. 139)

5.3.6 Panelforschung

Definition Panel *Ein Panel ist eine Gruppe von Personen, Haushalten, Unternehmen etc., die sich in regelmäßigen Abständen zum gleichen Untersuchungsgegenstand befragen lässt (»stehende Stichprobe«).*

Mithilfe von Panelerhebungen (manchmal auch »Tracking-Forschung« genannt) ist es möglich, die gewonnenen Daten im Zeitablauf zu betrachten und **Zeitreihenanalysen** (z. B. darüber, wie sich der Marktanteil bestimmter Produkte verändert) zu erstellen. Auf diese Weise können auch Trends festgestellt werden.

Das Panel wird vor allem angewandt, um Absatzentwicklungen des eigenen Produkts, aber auch das der Konkurrenz im Zeitablauf zu vergleichen. Gegenüber zwei unabhängigen Einzelerhebungen kann das Panel auch **Bewegungen zwischen Gruppen** feststellen.

Beispiel

Mit zwei Einzelerhebungen wird lediglich festgestellt, dass in 2001 300 Menschen das Produkt A und 700 das Produkt B gekauft haben, in 2002 500 Menschen A und 500 B.
Anhand einer Paneluntersuchung kann man hier aber feststellen, wie viele Personen von A nach B gewechselt haben und wie viele das Produkt nicht mehr verwenden oder neu verwenden.

Panelerhebungen werden vornehmlich für Konsumgüter und von Marktforschungsinstituten durchgeführt. Die wichtigsten Panelformen sind das Handels- und das Verbraucherpanel.

Beim **Handelspanel** werden regelmäßig (z. B. alle 2 Monate) in Geschäften Erhebungen zu den Lagerbeständen sowie An- und Verkäufen von interessierenden Produkten durchgeführt.

Handelspanel

Beim **Verbraucherpanel** werden die interessierenden Daten beim Endverbraucher erhoben. So füllt z. B. eine repräsentative Auswahl von deutschen Haushalten (i. d. R. mehrere Tausend) jede Woche Berichtsbögen aus, in denen sie aufführen, welche Lebensmittel sie beispielsweise wann, wo und zu welchem Preis gekauft haben. Teilweise erfolgt die Erfassung der eingekauften Güter heute schon mittels eines Scanners, den die Haushalte zur Verfügung gestellt bekommen, um damit den EAN-Code (Strichcode) auf den Verpackungen zu erfassen, was die Arbeit erheblich erleichtert. Leider ist jedoch bei einer Reihe von Artikeln der Strichcode nicht vorhanden.

Verbraucherpanel

Erfassen lässt sich mit Panelerhebungen (vgl. Weis 1998, S. 181):
- Nachfrageveränderung
- Marktvolumen
- Marktanteil
- Segmentierung (Welche Käufergruppen kaufen welche Produkte?)
- Marktdurchdringung
- Wiederkaufsrate
- Wanderungen (Gain/Loss-Analyse)
- Einkaufshäufigkeit
- Numerische und gewichtete Distribution

Erfassungsmöglichkeiten durch Panels

Die Panelforschung birgt auch einige Probleme:

Probleme der Panelforschung

- **»Panel-Ermüdung«**, d.h. nachlassendes Interesse der Panelteilnehmer (beim Verbraucherpanel),
- **»Panel-Sterblichkeit«**, d.h. Ausscheiden von Teilnehmern z.B. durch Tod oder Konkurs,
- **»Panel-Bewusstsein«**, d.h., durch die Teilnahme wird das Verhalten beeinflusst (z.B. wird der Teilnehmer preisempfindlicher als die Grundgesamtheit, da er aktiv zu Preisvergleichen ermuntert wird),
- **»Panel-Erstarrung«**, d.h. Teilnehmer sind nicht mehr repräsentativ.

Durch laufende Kontrolle und Betreuung versucht man, diese Probleme zu minimieren.

Insgesamt kann man feststellen, dass die **Panelforschung** gerade für die Konsumgüterbranche **von sehr hoher Bedeutung** ist, denn sie ist relativ kostengünstig und bietet schnelle Informationen.

> **VERSTÄNDNISFRAGEN**
>
> 46. Warum ist eine Vollerhebung häufig nicht möglich?
> 47. Welche Zufallsverfahren kennen Sie für die Auswahl der Befragten?
> 48. Welche Probleme hat die Klumpenauswahl?
> 49. Nennen Sie einige Vor-/Nachteile von
>   a. persönlichen Befragungen
>   b. schriftlichen Befragungen
>   c. telefonischen Befragungen.
> 50. Warum sind Internetbefragungen noch nicht für alle Zwecke einsetzbar?
> 51. Wie würden Sie Explorationen von Gruppendiskussionen abgrenzen?
> 52. Wann sollte ein Markttest durchgeführt werden?
> 53. Welche Probleme sehen Sie in der Panelforschung?

5.4 DATENAUSWERTUNG

Nachdem die Phase der Datenerhebung abgeschlossen ist, hat der Marktforscher eine sehr große Menge an ausgefüllten Fragebögen mit einer Vielzahl einzelner Antworten. Diese Daten müssen nun

- geordnet,
- geprüft (auf Fehler, Unstimmigkeiten),
- bereinigt,

- analysiert,
- verdichtet
- und dann interpretiert

werden, damit die in den Daten steckenden Zusammenhänge überhaupt erkennbar sind.

In den folgenden Kapiteln werden einige gängige Auswertungsmethoden im Ansatz erläutert. Auf die Datenprüfung und -bereinigung wird hier nicht näher eingegangen. Um Auswertungen sinnvoll und umfassend durchzuführen, ist eine intensive **Auseinandersetzung mit den Grundlagen der Statistik unerlässlich**. Wir beschränken uns hier auf die **Datenanalyse** (deskriptive = beschreibende Statistik). Die Prognoseverfahren (z. B. Trendextrapolation, gleitende Durchschnitte, exponentielle Glättung usw.) werden hier nicht behandelt.

Die Auswertung wird heute auch mittels komfortabler Programme durchgeführt. Die am meisten verbreiteten Softwareprogramme (die Studierende teilweise zum Vorzugspreis beziehen können) sind die von SPSS (Statistical Package for the Social Sciences, http://www.spss.com) und SAS (Statistical Analysis System, http://www.sas.de).

5.4.1 Daten- und Antwortarten

Die Möglichkeiten, Antworten zu analysieren und Schlüsse daraus zu ziehen, hängt stark von der Antwortart ab. So ist es leicht verständlich, dass sich aus der Aussage »der Marktanteil der Marke x hat sich von Januar bis Dezember 2002 von 17,4 auf 18,3 % erhöht« andere Schlüsse ziehen lassen als aus der Aussage »von 10 Autofahrern bevorzugen 7 eine rote Farbe und 5 eine schwarze«. Hinter beiden Aussagen stecken **unterschiedliche Arten von Daten**.

 Das Genauigkeitsmaß (bzw. das Ausmaß des Informationsgehaltes) steigt, je genauer der Abstand zwischen einzelnen Werten dargestellt werden kann.

Die Art der Daten bestimmt also deren Aussagegehalt, vgl. hierzu folgende Tabelle. Die quantitativen Daten können auch unterteilt werden, je nachdem, ob die Abstände

- **kontinuierlich**, d. h. ohne Unterbrechungen verlaufen (**stetige** Merkmale, z. B. Gewicht, Temperatur) oder
- **abrupt**, d. h. **diskret** sind (Anzahl verkaufter Autos; es gibt keine 2,3 Autos, sondern nur 2 oder 3).

Folgende Datenarten werden unterschieden (vgl. Berekoven 1999, S. 71):

Datenart	Ordinal (qualitative Daten)	Nominal (qualitative Daten)	Intervallniveau (quantitative Daten)	Ratioalniveau
Beschreibung	Messwerte sind entweder unterschiedlich oder identisch	Messwerte lassen sich in eine Rangordnung bringen, der Abstand ist nicht vergleichbar	Rangordnung möglich, Abstand ist vergleichbar, kein absoluter Nullpunkt	Zusätzlich gibt es einen absoluten Nullpunkt
Mathematische Eigenschaft	$A \neq B; A = A$	$A > B > C$ Dann muss $C < A$ sein	$A > B > C$ und $\Delta (B - A) = \Delta (C - B)$	$A = x \cdot B$
Beispiel	Farben eines Autos (blau, rot usw.; blau = blau; blau ≠ rot)	Bewertung einer Beratung: sehr schlecht schlecht zufrieden stellend gut sehr gut	Kalenderzeit; Abstand zwischen 20. März zu 10. März = 20. Februar zu 10. Februar	Umsatz 2002: 11,34 Mio. € Umsatz 2001: 10,37 Mio. €
Informationsgehalt	niedrig	mittel	hoch	sehr hoch

Tab. 5.9: Eigenschaften von Daten

So ist es z. B. bei einem Nominalniveau zwar möglich zu sagen, dass sich die Beratungsqualität verbessert hat (z. B. von schlecht nach zufrieden stellend), nicht aber, dass sie sich verdoppelt hat. Dies ist nur bei einem Intervall- oder einem Rationalniveau möglich.

5.4.2 Häufigkeiten

Die Häufigkeitsverteilung bildet in der Regel die Standardauswertung aller Fragen. Sie ist für alle vorher beschriebenen Merkmalsausprägungen möglich. Folgende Arten sind möglich:

Häufigkeitsverteilung = Standardauswertung

1. **absolute Häufigkeiten**,
2. **relative** (prozentuale) **Häufigkeiten** und
3. **kumulierte Häufigkeiten**.

Beispiel: Auf die Frage nach dem Alter ihres PC antworten 20 Befragte: 1, 2, 1, 5, 2, 1, 5, 2, 5, 4, 1, 2, 2, 5, 3, 4, 1, 3, 5, 1 Jahre. Hieraus ergeben sich folgende Häufigkeitsverteilungen:

Alter des Computers	absolut	relativ (%)	kumuliert (%)
1 Jahr	6	30	30
2 Jahre	5	25	55
3 Jahre	2	10	65
4 Jahre	2	10	75
5 Jahre	5	25	100

Tab. 5.10: Beispiel für Häufigkeitsverteilungen

Mögliche Aussagen:
- 5 Befragte besitzen einen Computer, der 2 Jahre alt ist
- 25 % der Befragten besitzen einen Computer, der 5 Jahre alt ist
- 65 % der Befragten besitzen einen Computer, der 3 Jahre oder jünger ist.

Bei **kleinen Mengen** (z. B. unter 10 Elementen) sollte **auf eine prozentuale Angabe verzichtet** werden.

Die Häufigkeiten können auch anschaulich grafisch dargestellt werden:

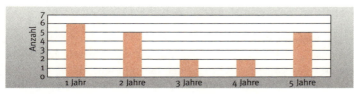

Balkendiagramm

Abb. 5.5: Balkendiagramm einer absoluten Häufigkeitsverteilung

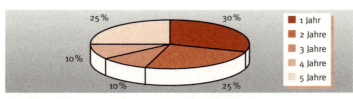

Kreisdiagramm

Abb. 5.6: Kreisdiagramm einer prozentualen Häufigkeitsverteilung

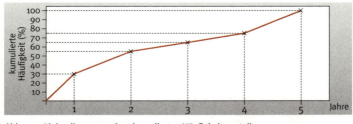

Liniendiagramm

Abb. 5.7: Liniendiagramm einer kumulierten Häufigkeitsverteilung

Aus dieser Auswertung kann z. B. geschlossen werden, dass es insbesondere zwei typische Befragtengruppen gibt:
- die Befragten, die immer relativ neue Computer haben wollen und
- die Befragten, denen das egal ist.

Eine Mischgruppe (3–4 Jahre) ist kaum vorhanden.

Eine andere Ursache für diese Verteilung könnte jedoch sein, dass in dem Zeitraum vor 2–3 Jahren kaum Neuerungen am PC durchgeführt wurden, sodass sich damals eine Neuanschaffung nicht lohnte, in den letzten 2 Jahren aber wichtige Neuerungen eingeführt wurden.

Bei dieser Art der Auswertung tritt bei geschlossenen Fragen **kein bzw.** bei offenen Fragen nur ein **geringer Informationsverlust** auf.

Allerdings kann die Häufigkeitsverteilung **nur einzelne Ebenen** der gesamten Informationen beleuchten, sodass **Zusammenhänge nicht ersichtlich** werden. Dies ist nur durch eine Analyse und den Vergleich mit anderen Daten der gleichen Befragung oder anderen Befragungen möglich (z. B. Panelerhebungen – Zeitreihen).

5.4.3 Kreuztabellierung

Während in der Häufigkeitsverteilung nur eine Variable betrachtet wurde (»Wie alt ist ihr PC?«), werden bei der Kreuztabellierung **zwei Variablen** (z. B. 2 Fragen: Alter des PC und Arbeitnehmergruppe des Befragten) **miteinander verknüpft**.

Beispiel: An der Umfrage haben 12 Angestellte und 8 Arbeiter teilgenommen. Es ergibt sich folgende Auswertung:

Alter des Computers	Gesamt		Arbeiter		Angestellter	
	abs.	%	abs.	%	abs.	%
1 Jahr	6	30%	1	13%	5	42%
2 Jahre	5	25%	0	0%	5	42%
3 Jahre	2	10%	1	13%	1	8%
4 Jahre	2	10%	2	25%	0	0%
5 Jahre	5	25%	4	50%	1	8%
Σ	20	100%	8	100%	12	100%

Tab. 5.11: Beispiel einer Kreuztabelle

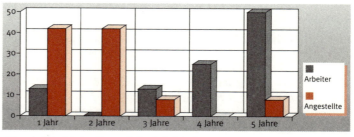

Abb. 5.8: Beispiel einer Kreuztabelle als Balkendiagramm

Aus dieser Auswertung wird ersichtlich, dass ein Zusammenhang besteht zwischen Arbeitnehmergruppe und der Bereitschaft, sich häufiger neue PCs anzuschaffen. Computerhersteller sollten sich mithin vornehmlich an Angestellte wenden, wenn sie Neuerungen verkaufen wollen.

5.4.4 Lageparameter von Verteilungen

Die Ergebnisse der Häufigkeitsverteilung lassen sich weiter verdichten. Dies geschieht durch
- den arithmetischen Mittelwert,
- den Median,
- die Varianz, bzw. die Standardabweichung.

Angezeigt werden hier Werte, die typisch für die gesamte Häufigkeitsverteilung sind. Dies heißt aber auch, dass diese Werte wichtige Aussagen vernachlässigen.

5.4.4.1 Mittelwert

Das arithmetische Mittel (oder der Mittelwert) bezeichnet den durchschnittlichen Mittelwert von Variablen.

Dabei wird die Summe der Einzelwerte einer statistischen Gesamtheit durch die Anzahl der Elemente geteilt. Er ist bei einer Nominaleinteilung (blau, grün) natürlich nicht möglich. Er wird wie folgt berechnet:

$$\text{Mittelwert } \bar{x} = \frac{1}{N} \cdot \sum_{i=1}^{n} x_i$$

x_i = Merkmalsausprägung des Elementes (Fragebogens) i
N = Anzahl der Elemente

In unserem Beispiel (vgl. S. 120) also: $\bar{x} = 55/20 = 2{,}75$ Jahre
(55 = Addition der einzelnen PC-Alter; 20 = Anzahl der Befragten)

5.4.4.2 Median

*Der Median ist die Merkmalsausprägung desjenigen Elementes, das in einer **der Größe nach geordneten** Reihe genau in der Mitte steht.*

Bezogen auf unser Beispiel muss man also die Anfangstabelle (vgl. S. 120) zuerst nach dem Alter der PCs sortieren.

Befragte	1	3	6	11	17	20	2	5	8	**12**	**13**	15	18	10	16	4	7	9	14	19
Alter des Computers in Jahren	1	1	1	1	1	1	2	2	2	**2**	**2**	3	3	3	4	4	5	5	5	5

Tab. 5.12: Median einer Häufigkeitsverteilung

Median   Bei einer **ungeraden Anzahl** von Elementen ist der Median:
$Me = x_{\frac{N+1}{2}}$ (x_i = Merkmalsausprägung des Elements i)

Bei 21 Beobachtungen liegt der Median bei $(21+1)/2 = 11$, also beim 11. Element.

Bei einer **geraden Anzahl** von Elementen nimmt man das arithmetische Mittel der beiden mittleren Beobachtungswerte:
$Me = \frac{1}{2}(x_{\frac{N}{2}} + x_{\frac{N+1}{2}})$ (x_i = Merkmalsausprägung des Elements i)

Bei 20 Beobachtungen ist der Median die Merkmalsausprägung des 10. und 11. Elements geteilt durch 2. In unserem Beispiel beträgt er also: $(2 + 2) / 2 = 2$.

Der Median ist dann dem Mittelwert überlegen, wenn die Reihe durch starke Ausreißer beeinflusst ist. Beispiel: bei einer Umsatzverteilung von 18 Fachgeschäften mit einem Umsatz zwischen 1–3 Mio. € und 2 Discountern mit einem Umsatz von 90–120 Mio. € liegt der Mittelwert bei ca. 12,7 Mio. €, der Median aber bei 2 Mio. €.

5.4.4.3 Standardabweichung und Varianz

Für die Auswertung von Datenreihen ist es von Interesse, die Spannweite und die Verteilung der Werte um den Mittelwert zu erfahren.

Streuungsmaß = Gütemaß für den Mittelwert   Streuungsmaße ergeben das Gütemaß für den Mittelwert, d.h., es wird die Frage beantwortet, »**Wie typisch ist der Mittelwert für die Datenreihe?**« bzw. »Wie weit oder wie eng streuen die Messwerte um diesen Mittelwert?«

Je geringer die Streuung, desto besser charakterisiert der Mittelwert die Verteilung.

Spannweite   Eine erste Information über die Streuweite einer Verteilung gibt die **Spannweite (R)**. Sie ist definiert als die Differenz zwischen dem Wert der maximalen und der minimalen Merkmalsausprägung.

$R = x_{max.} - x_{min.}$

Im obigen Beispiel (vgl. S. 120) beträgt die Spannweite 4 Jahre:
$R = 5 (x_{max}) - 1 (x_{min}) = 4$

Für metrische (quantitative) Daten ist die Verwendung der folgenden Streuungsmaße üblich:
- **Varianz**,
- **Standardabweichung**,
- **Variationskoeffizient**.

 Die Varianz ist der Durchschnitt der quadratischen Abweichungen der einzelnen Werte von ihrem arithmetischen Mittel.

Die Abweichung jeder Merkmalsausprägung zum Mittelwert wird quadriert, diese Werte werden addiert und dann durch die Anzahl der Elemente geteilt. Durch das Quadrieren werden größere Abweichungen stärker gewichtet als kleinere Abweichungen.

Da die Varianz als Dimension das Quadrat der Messdimension besitzt, wird in der Regel die Wurzel aus der Varianz gezogen. Diese wird als **Standardabweichung** bezeichnet und besitzt dann die gleiche Dimension (hier: Jahre) wie die Beobachtungswerte.

Je geringer die Standardabweichung ist, desto mehr repräsentiert der Mittelwert die gesamte Verteilung der Antworten (Werte).

Befragte	Alter des Computers x_i	Abweichung vom Mittelwert $x_i - \bar{x}$	Quadrat der Abweichung $(x_i - \bar{x})^2$
1	1	−1,75	3,063
2	2	−0,75	0,563
3	1	−1,75	3,063
4	5	2,25	5,063
5	2	−0,75	0,563
6	1	−1,75	3,063
7	5	2,25	5,063
8	2	−0,75	0,563
9	5	2,25	5,063
10	4	1,25	1,563
11	1	−1,75	3,063
12	2	−0,75	0,563
13	2	−0,75	0,563
14	5	2,25	5,063
15	3	0,25	0,063
16	4	1,25	1,563
17	1	−1,75	3,063
18	3	0,25	0,063
19	5	2,25	5,063
20	1	−1,75	3,063
Summen $\sum x_i$	55		49,75

Tab. 5.13: Berechnung von Varianz und Standardabweichung

Anzahl Antworten N = 20   Mittelwert $\bar{x} = \dfrac{(\sum x_i)}{N} = 2{,}75$

Varianz

Es ergibt sich als **Varianz**:

$$V = \frac{1}{N} \sum_{i=1}^{n} (x_i - \bar{x})^2 = \frac{49{,}75}{20} = 2{,}488$$

Standardabweichung

Und als **Standardabweichung**:

$$S = \sqrt{\frac{1}{N} \sum_{i=1}^{n} (x_i - \bar{x})^2} = \sqrt{2{,}488} = 1{,}577$$

Interpretation: Der durchschnittliche Abstand aller Antworten vom Durchschnittsalter der vorhandenen PCs beträgt 1,577 Jahre.

5.4.5 Multivariate Verfahren

Die multivariaten Verfahren bilden nun den dritten Schritt bei den Auswertungsmöglichkeiten. Hier können nicht nur ein Merkmal (Häufigkeitsverteilung) oder zwei Merkmale (Kreuztabellierung) gleichzeitig verarbeitet werden, sondern eine **Vielzahl von Variablen**. So lassen sich **Abhängigkeiten und/oder wechselseitige Beziehungen** zwischen den Merkmalen **ermitteln**.

Beispielhaft werden aus der Vielzahl möglicher Verfahren die folgenden zwei kurz (ohne mathematische Erklärungen) erläutert:
- Clusteranalyse,
- Conjoint Measurement (CM).

5.4.5.1 Clusteranalyse

Die Clusteranalyse verfolgt das Ziel, »Typisierungen« durchzuführen. Zu diesem Zweck wird versucht, aus einer großen Menge von Merkmalsträgern (z.B. Produkte, Personen oder geografische Einheiten) Untergruppen bzw.»Cluster« zu bilden.

Die **Cluster** sollten in sich ähnlich – **intern homogen** – sein, während die Unterschiede zwischen den Clustern möglichst groß – **extern heterogen** – sein sollten.

> **Beispiel**
>
> Eintausend repräsentativ ausgewählte Autofahrer werden befragt, welche Dinge sie beim Kauf eines neuen Autos interessieren. Dabei bekommen sie eine Anzahl von Merkmalen (z.B. Sicherheit, Preis, Benzinverbrauch, Geschwindigkeit, Lebensdauer usw.) vorgelegt und sie haben zu entscheiden, ob diese für sie sehr wichtig, wichtig, weniger wichtig oder unwichtig sind.
> Mit Hilfe der Clusteranalyse teilt man diese Autofahrer in Untergruppen ein, je nachdem, für wie wichtig sie einzelne Merkmale gehalten haben. Durch das Verfahren ergeben sich Typen, z.B.:

- der Umweltbewusste (geringer Benzinverbrauch, Katalysator haben hohe Bedeutung),
- der Schnelligkeitsfanatiker (hohe Geschwindigkeit und Beschleunigungsvermögen sind sehr wichtig) oder
- der Sparsame (Benzinverbrauch, Anschaffungs- und Unterhaltkosten kaufentscheidend).

Hauptanwendungsgebiet der Clusteranalyse ist die **Ermittlung von Marktsegmenten**, d.h. die Einteilung der Befragten in psychologische Gruppen. Große Marktforschungsunternehmen bauen z.B. solche Cluster auf, indem sie die Bevölkerung in soziodemografische Gruppen unterteilen. Hieraus können **konkrete Marketingüberlegungen** abgeleitet werden.

<small>Ermittlung von Marktsegmenten</small>

5.4.5.2 Conjoint Measurement

Viele betriebwirtschaftliche Fragestellungen lassen sich nur anhand spezieller Erhebungs- und Auswertungsverfahren beantworten.

Fragen wie z.B. »Hängt der Kauf eines Autos von der PS-Zahl, dem Aussehen, der Anzahl der Vertriebsstätten oder vom Preis ab?« oder »Wie viele Autos lassen sich mehr verkaufen, wenn der Preis um 3% gesenkt, die Garantie von 1 auf 2 Jahre erhöht oder der Verbrauch bei gleicher Leistung von 9 auf 8,5 ltr./100km gesenkt wird?« sind von großem Interesse.

Bei einer einfachen Frage wie z.B. »Wie viel wären Sie bereit, für den VW Passat, Modell TDI zu zahlen?« würden Sie keine brauchbaren Ergebnisse erzielen, viele Befragten würden bewusst einen niedrigen Preis nennen.

Dieser Problematik versucht die **Conjoint-Analyse** zu entgehen. Sie basiert darauf, dass die Befragten jeweils vor eine konkrete Entscheidungssituation (»Zwickmühle«) gestellt werden.

<small>Idee: Befragte in Zwickmühlen bringen</small>

Entscheidend hierbei ist:
- die Kenntnis der entscheidenden Kauffaktoren, damit **überhaupt Zwickmühlen** konstruiert werden können.
- das Vorhandensein mehrerer unterschiedlicher Ausprägungen der Kauffaktoren, damit **ausreichend Zwickmühlen** konstruiert werden können (z.B. Abstand zwischen billigstem und teuerstem Angebot),
- die richtige Definition der Zwickmühlen, damit »**die richtigen Zwickmühlen**« abgefragt werden können (die Entscheidungen müssen »weh tun«),
- eine **repräsentative Auswahl** von Kombinationen zur Entscheidung.

Mithilfe des Conjoint Measurement kann man feststellen, welche **Bedeutung** die einzelnen **Produktmerkmale** (z. B. Verpackung, Geschmack, Preis) jeweils **für die Kaufentscheidung** haben.

Ergebnisse liefern wichtige Hinweise zur Produktpositionierung, zur Preisgestaltung etc.

Die Ergebnisse dieses Verfahrens liefern demzufolge wichtige Hinweise über die mögliche Positionierung eines Produkts, über notwendige Produkteigenschaften, die richtige Preisgestaltung etc.

Beispiel

Eine Bank möchte gerne wissen, welchen Einfluss die einzelnen Faktoren eines Geschäftsgirokontos für die Bankenwahl haben.
Als ausschlaggebende Merkmale wurden ausgemacht:
- die Marke (Name der Bank),
- das Preismodell (Pauschalpreis, Einzelpreis),
- die Höhe der Gebühren (dargestellt an Modellkonten mit fiktiven Umsätzen),
- der Zinssatz für den Kontokorrent,
- die Höhe des Kontokorrentes.

Anhand dieser Merkmale werden einige Kontenmodelle fiktiv zusammengestellt und jeweils auf einzelne Karten übertragen.

Postbank	Deutsche Bank	Volksbank	Sparkasse
Pauschalpreis	Einzelpreis	Pauschalpreis	Pauschalpreis
15 €/Monat	15 €/Monat	19 €/Monat	9 €/Monat
9,75 %	11,00 %	8,75 %	10,50 %
3 x Monatsumsatz	3 x Monatsumsatz	3 x Monatsumsatz	1 x Monatsumsatz

Dem Befragten werden nun immer zwei Karten vorgelegt und er muss anhand einer Skala entscheiden, welches Modell ihm wie stark zusagt.

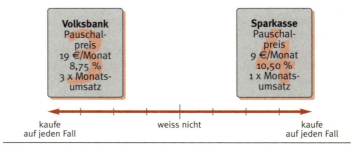

Es muss sich bei den Kärtchen nicht um tatsächlich erhältliche Kontenmodelle handeln. Die einzelnen Elemente müssen lediglich so zusammengestellt werden, dass **alle wichtigen Kauffaktoren und deren Spannbreite enthalten** sind. Es ist auch **nicht nötig, alle Kombinationsmöglichkeiten** abzufragen, denn durch mathematische Verfahren ist es möglich, bereits aus wenigen Wahlmöglichkeiten Rückschlüsse auf das gesamte Entscheidungsverhalten zu ziehen.

Durch mathematische Verfahren kann man aus wenigen Wahlmöglichkeiten Rückschlüsse auf das gesamte Entscheidungsverhalten ziehen

Ergebnis o.g. Untersuchung könnte z.B. folgende **Nutzenstruktur** (Präferenzstruktur) sein:
- Zinssatz: 39,2 %
- Gebührenhöhe: 26,6 %
- Name der Bank: 23,5 %
- Höhe des Kontokorrent: 10,7 %

Das bedeutet: Die Kaufentscheidung wird zu 39,2 % vom Zinssatz und zu 26,6 % von der Gebührenhöhe abhängig gemacht; zu 23,5 % ist hingegen der Name der Bank kaufentscheidend und zu 10,7 % die Höhe des Kontokorrents. **In diesem Beispiel ist also der Preis (Zinssatz und Gebührenhöhe) das wichtigste Merkmal für die Bankwahl.**

Mithilfe der Präferenzstruktur ist es auch möglich, **Modelle** zu entwickeln, um abschätzen zu können, wie sich die Marktanteile verschieben, wenn man z.B. den Zins um 0,5 % senkt.

Mithilfe der Präferenzstruktur ist es möglich, Modelle zu entwickeln

Dieses Verfahren ist noch relativ jung (Anfang der 80er-Jahre), gewinnt in der Praxis aber mehr und mehr an **Bedeutung**.

So reizvoll dieses Verfahren ist, da es viele dringliche Marketingprobleme zu lösen scheint, so sollen doch auch die **Grenzen** aufgezeigt werden:
- Es handelt sich (wie bei allen Marktforschungsergebnissen) immer nur um eine Momentaufnahme; Entwicklungen, die das Konsumentenverhalten verändern, wie z.B. eine Einstellungsänderung der Konsumenten, technische Neuerungen oder Aktivitäten der Konkurrenten, bleiben unberücksichtigt.
- Die Ergebnisse basieren (wie die meisten Kaufentscheidungen allerdings auch) lediglich auf Meinungen und Einstellungen, nicht auf Sachverhalten. Diese Einstellungen können sich schnell ändern, z.B. auf Grund der Veröffentlichung von Ergebnissen der Stiftung Warentest.
- Die Methode ist nur so gut wie der Input: Wenn die wichtigsten Kaufeigenschaften nicht bekannt sind und man die Spannbreite auf dem Markt nur ungenau kennt, sind die Ergebnisse zweifelhaft.

- Es kann leicht zu einer Überforderung der Befragten kommen, wenn sie vor lauter Wahlmöglichkeiten nicht mehr wissen, wo ihnen der Kopf steht und sie dann nur noch wahllos »entscheiden«.
- Es werden im Wesentlichen nur technisch-ökonomische Aspekte erfasst, obwohl auch andere Einflüsse bedeutend sein können.
- Wenn es eine große Vielzahl von Kauffaktoren gibt, ist das Modell nur bedingt anwendbar.
- Generell ist dieses Verfahren nur bei bereits bekannten Produkteigenschaften einsetzbar; der Erfolg von Produktinnovationen ist hiermit hingegen nicht abschätzbar.

VERSTÄNDNISFRAGEN

54. Wann ist der Median dem Mittelwert überlegen?
55. Welche Arten von Messwerten gibt es?
56. Was versteht man unter »kumulierten Häufigkeiten«?
57. Warum ist neben dem Mittelwert auch die Standardabweichung ein wichtiges Kriterium für eine Verteilung?
58. Warum werden bei der Untersuchung der Preisempfindlichkeit nicht einfache Fragen statt des Conjoint Measurement Verfahrens angewandt?
59. Was sind multivariate Verfahren und welchen Zweck verfolgen sie?

5.5 PRÜFUNGSAUFGABEN

Aufgabe 5.1: Positionierungsalternativen

Die drei LKW-Produzenten Samsam, Munipli und Brammer haben bislang keine gezielte Marketingstrategie durchgeführt. Auf Grund von persönlichen Beziehungen und anderen Zufällen haben sich folgende Käufergruppen auf die 3 Hersteller verteilt.

	Marktanteil in %		
	Samsam	Munipli	Brammer
Tiefbauunternehmen	60	15	15
Möbeltransporteure im Langstreckenverkehr	10	70	20
Nutzer kleiner LKW für Geschäfts- und Privatfahrten	5	15	80
Reisebusunternehmen	30	45	25

Beispiel: Bei den Tiefbauunternehmen hat Brammer einen Marktanteil in Höhe von 15%.

Anlässlich einer Messe wurden alle Besucher über die Gründe für die Auswahl eines LKW befragt. Zusätzlich sollten sie anhand einer Skala angeben, wie sie die Leistungsfähigkeit jedes Herstellers bezüglich dieser Eigenschaften beurteilen (1 = sehr schlecht; 10 = sehr gut) und wie wichtig die jeweilige Eigenschaft für den Kauf ist.

	Bedeutung für Kauf in %	Leistungsbewertung		
		Samsam	Munipli	Brammer
Haltbarkeit, Belastbarkeit	20	5	5	5
Kraftstoffverbrauch	35	4	4	4
Laufruhe und Bequemlichkeit	10	6	6	6
Max. Zuladekapazität	10	7	7	7
Preis	25	2	2	2

FRAGEN

a) Kann aus diesen Ergebnissen gefolgert werden, dass alle Hersteller absolut gleich eingeschätzt worden sind?

b) Welche (weiteren) Anforderungen würden Sie hinsichtlich der Auswertung an das Marktforschungsinstitut stellen?

Aufgabe 5.2: Fragebogenentwicklung

Die Firma Zieh GmbH mit Sitz in Altena (Sauerland) stellt Draht her. Sie liefern diesen Draht an ca. 150 weiterverarbeitende Unternehmen im Sauerland, die daraus u.a. Büroklammern, Kugelschreiberspiralen und Blumendraht produzieren.

Zieh hat eine mittlerweile über 100-jährige Tradition und die Bilanzzahlen sind zufrieden stellend. Herr Huber, Geschäftsführer von Zieh, hat nun von einem Kollegen gehört, dass die Kundenorientierung heutzutage immer wichtiger wird, und beschließt daraufhin, eine Kundenzufriedenheitsanalyse durchzuführen. Er beauftragt damit seinen Assistenten. Dieser legt ihm kurze Zeit später folgenden Fragebogen (Auszug) vor:

1. Wann haben Sie das letzte Mal etwas bei Zieh gekauft?
   ☐ gar nicht   ☐ 0–1 Monat   ☐ $\frac{1}{2}$–1 Jahr   ☐ länger als 1 Jahr

2. Was halten Sie von den Mitarbeitern und von den Produkten der Zieh GmbH?
   ☐ sehr gut   ☐ gut   ☐ nicht so gut

3. Warum kaufen Sie eigentlich auch bei unserer Konkurrenz?
_____
_____

FRAGEN

a) Erläutern Sie bitte bei jeder Frage, welche Fehler der Assistent möglicherweise gemacht hat und geben Sie zu jeder Frage Ihre eigene Lösung an. Geben Sie auch die möglichen Antwortmöglichkeiten an.

b) Welche Fragen zur Statistik der Unternehmen wären bei dieser Analyse sinnvoll? Geben Sie auch hier Fragen mit möglichen Antwortmöglichkeiten an.

c) Welche Methode der Datenerhebung würden Sie der Firma Zieh vorschlagen?

d) Hat der Geschäftsführer Ihrer Meinung nach auch Fehler bei der Auftragsvergabe gemacht?

Aufgabe 5.3: Statistische Auswertungen

Gehen Sie davon aus, dass in Kürze Wahlen stattfinden. Auf Grund der Wahlergebnisse in den anderen Ländern will die Regierungspartei »SWD« ihre Chancen abschätzen und ggf. noch bei bestimmten Wahlgruppen besonders aktiv werden.

Im Folgenden finden Sie einen repräsentativen Auszug aus den mündlich auf der Straße abgefragten Ergebnissen:

	Geschlecht	Wahlentscheidung	Partei	Alter
1	m	entschlossen	CPD	18
2	m	weiß nicht	SWD	64
3	m	entschlossen	FRG	75
4	w	weiß nicht	GR	34
5	w	weiß nicht	SWD	35
6	w	weiß nicht	FRG	26
7	w	entschlossen	CPD	9
8	m	entschlossen	CPD	56
9	w	entschlossen	FRG	45
10	w	entschlossen	CPD	76
11	m	entschlossen	CPD	23
12	w	entschlossen	CPD	34

(Forts. nächste Seite)

	Geschlecht	Wahlentscheidung	Partei	Alter
13	m	entschlossen	CPD	19
14	w	entschlossen	SWD	74
15	m	entschlossen	SWD	29
16	m	entschlossen		62
17	m	weiß nicht	SWD	31
18	w	entschlossen	FRG	45
19	w	weiß nicht	GR	38
20	m	entschlossen	SWD	62
21	m	weiß nicht	CPD	42
22	w	weiß nicht	GR	38

FRAGEN

a) Müssen diese Daten noch bereinigt werden?

b) Stellen Sie anhand dieser Ergebnisse jeweils eine Häufigkeitsverteilung für die wahrscheinlich gewählte Partei und die Altersstruktur ≤ 30 Jahre; 31–40 Jahre; 41–50 Jahre und > 50 Jahre auf.

c) Wie hoch ist das Durchschnittsalter und der Median
   – aller Befragten
   – der Wähler jeder Partei?

d) Wie groß ist die Spannbreite und die Standardabweichung der Altersverteilung aller Wähler?

e) Stellen Sie eine Kreuztabelle für das Geschlecht und die wahrscheinlich gewählte Partei auf.

6 ABLAUF VON MARKTFORSCHUNGSSTUDIEN

6.1	PROBLEMDEFINITION UND ZIELFESTLEGUNG	136
6.2	KONZEPTERSTELLUNG	138
6.3	DATENERHEBUNG	140
6.4	ANALYSE DER DATEN	141
6.5	ERGEBNISBERICHT UND PRÄSENTATION	143
6.6	UMSETZUNG DER ERGEBNISSE	143
6.7	PRÜFUNGSAUFGABE	144

Beim Einsatz der Marktforschung ist es von hoher Bedeutung, dass der Ablauf der Marktforschungsprojekte richtig geplant und durchgeführt wird. Die folgende Grafik zeigt die Einteilung des Projektablaufes in 6 Phasen.

Abb. 6.1: Ablauf von Marktforschungsstudien

Diese Phasen werden anhand der folgenden Studie am fiktiven Beispiel eines Reifenherstellers dargestellt.

6.1 Problemdefinition und Zielfestlegung

In der ersten Phase muss die **Aufgabenstellung genau definiert** werden. Die Aufgabenstellung entsteht häufig aus einem akuten »Problem«, z. B. hat man eine Erfindung gemacht (Reifen, der eine Duftspur hinterlässt), es ist aber fraglich, ob hierfür ein Bedürfnis vorhanden ist, oder der Produktmanager fragt sich, wie er den Umsatz im nächsten Jahr steigern kann.

 Diese erste Phase ist die Wichtigste im gesamten Projektverlauf.

Fehler, die hier gemacht werden, sind i.d.R. nicht mehr korrigierbar

Fehler und Unzulänglichkeiten, die hier gemacht werden, wirken sich auf alle weiteren Stufen aus und sind i.d.R. nicht mehr korrigierbar. Sie ist deshalb so wichtig, weil eine **zu enge Abgrenzung** der Aufgabenstellung keine ausreichenden Ergebnisse zur Folge haben kann.

Beispiel

Eine Bank stellt die Aufgabe, die Zufriedenheit der Kunden mit der Beratungsqualität herauszufinden, hat aber nicht bedacht, dass diese eng mit der Komplexität der Produkte zusammenhängen könnte. Fragen zur Produktverständlichkeit fehlen dann im Fragebogen und der Zusammenhang mit der Beratungsqualität wird nicht ersichtlich. Möglicherweise steigt sogar die Beratungsqualität, da jedoch die Produktverständlichkeit unzureichend bleibt, ist das Gesamtergebnis unbefriedigend.

Demgegenüber führt eine **zu weite Abgrenzung** der Aufgaben zu einer »Unmenge« an häufig überflüssigen Informationen und zu immensen Kosten.

Beispiel

Die gleiche Bank stellt zu dieser Studie die Frage »Was halten sie von der Steuergesetzgebung?«.
Diese Frage hat zum einen nichts mit der Beratungsqualität der Bank zu tun, zum anderen – noch wichtiger – könnte die Bank sie gar nicht beeinflussen.

Nun aber zu unserer Studie:

Die Marketingmanager eines Reifenherstellers, dessen **Reifen der gehobenen Preisklasse** angehören, möchten herausfinden, welche Marketingaktivitäten zur **Gewinnung von Neukunden** am geeignetsten sind.

Zur **Abgrenzung des Themas** verständigen sie sich auf folgende **Untersuchungsziele**:

Untersuchungsziele

1. Inwieweit weiß der Autobesitzer, welche Reifenmarke sich an seinem Fahrzeug befindet?
2. Warum hat er sich beim Reifenneukauf gerade für diese Reifenmarke entschieden?
3. Wo hat der Autofahrer die Reifen gekauft?

Hieraus sollen dann Aussagen zur eigenen Markenbekanntheit abgeleitet, die wesentlichen Kaufgründe erkannt und die Wahl des geeigneten Vertriebsweges erleichtert werden.
Diese Untersuchungsziele werden nun als **Auftrag an die eigene Marktforschungsabteilung oder** ein externes **Marktforschungsinstitut** vergeben.

6.2 KONZEPTERSTELLUNG

Bevor das Institut ein Konzept erstellt, ist es sehr empfehlenswert, dem Auftraggeber ein so genanntes »**Rebriefing**« schriftlich widerzuspiegeln. Das Rebriefing erklärt, was das Institut unter dem Auftrag verstanden hat, was also die Studie zu beinhalten hat, was nicht abgefragt werden soll und welche Ergebnisse der Auftraggeber erwartet.

Das Rebriefing erklärt, was das Institut unter dem Auftrag verstanden hat

Sinnvoll ist es ebenso, das bereits vorhandene interne wie externe **Material** zu **sichten**, um hierauf aufbauend tätig zu werden.

In der zweiten Phase wird ein **Forschungsplan** zur Erreichung der gewünschten Informationen aufgestellt. Hierzu müssen einige Entscheidungen über folgende Details getroffen werden.

- **Datenquellen**
  - Sekundärquellen
  - Primärquellen
- **Zu untersuchender Personenkreis**
  - Stichprobengröße
  - Stichprobenauswahlverfahren
- **Datenerhebungsmethoden**
  - Beobachtung
  - Befragung
  - Experiment
  - Panel
- **Befragungsformen**
  - schriftlich
  - telefonisch
  - persönlich
  - computergestützt
- **Auswertungsverfahren**
  - Häufigkeitsverteilung
  - Kreuztabellierung
  - Multivariate Verfahren
- **Zeitraum von der Auftragsvergabe bis zur Präsentation**
- **Budget**

In unserem Beispiel entscheidet sich der Reifenhersteller **vornehmlich** für die **Primärforschung**, da das bereits existierende Informationsmaterial zu alt und nicht umfassend genug ist. **Ergänzend** werden natürlich Daten der **Sekundärforschung** herangezogen, z. B. über Anzahl, Geschlecht und Alter der Kfz-Besitzer, regionale Verteilung, Modelltypen der PKW usw.

Bei der Suche nach der Datenerhebungsmethode fasst man zunächst die Befragung und das Autobesitzerpanel ins Auge, stellt dann aber fest, dass die erhobenen Panelinformationen nicht die gewünschten Informationen liefern können, sodass man sich zu einer **Befragung mithilfe eines Fragebogens** entschließt.

Panelinformationen hier nicht tauglich

Da eine Befragung der Grundgesamtheit aller Autobesitzer zu umfangreich wäre, soll mit dem **Quotenverfahren** eine Stichprobe von 1.000 Autobesitzern gezogen werden.

Diese sollen gemäß den Angaben des Statistischen Bundesamtes hinsichtlich des Geschlechts, des Alters, des Bundeslandes und der Fahrzeugmarke **repräsentativ** sein. Eine weitere Voraussetzung, die sich auch aus der Zielsetzung ergibt, lautet, dass die Befragten **mindestens einmal neue Reifen gekauft** haben.

Grundgesamtheit aller Autobesitzer ist zu groß

Bei der Auswahl der Befragungsform entscheidet man sich für eine **persönliche Befragung**. Grund: Es ist überprüfbar, ob die Meinung »ich fahre xy-Reifen« auch mit der Realität übereinstimmt, da dies direkt am PKW nachgesehen werden kann.

Realität ist überprüfbar

 Auch die Wahl der Auswertungsverfahren muss bereits jetzt überlegt werden.

Denn die Anwendung bestimmter multivariater Analyseverfahren setzt bestimmte Arten von Fragestellungen voraus, das Conjoint Measurement beispielsweise die Befragung mithilfe von Kärtchen (Rangfragen). Die Marktforscher beschließen, dass für diese Auswertung lediglich **Häufigkeitsverteilungen und einige Kreuztabellen** aufgestellt werden sollen. Lassen sich hierdurch die wichtigsten Kauffaktoren ermitteln, soll darauf aufbauend in einer späteren Phase eine Conjoint-Befragung durchgeführt werden.

In späterer Phase Conjoint-Befragung, wenn Kauffaktoren ermittelt werden konnten

Da die Durchführung einer solchen Untersuchung dem Reifenhersteller selbst zu aufwändig erscheint, holt man einige Angebote von sog. **Feldinstituten** ein – das sind Institute, die Marktforschungsstudien lediglich durchführen, aber weder an der Fragebogenentwicklung noch an der Auswertung beteiligt sind – und erteilt einem von ihnen den Auftrag.

Die **Fragebogenentwicklung und die Auswertung** (mittels gängiger Softwaresysteme) soll im Unternehmen in der **Marktforschungsabteilung** erfolgen.

Die gesamten **externen Kosten sollen 20.000 € nicht überschreiten** und die **Ergebnisse** sollen **in 2 Monaten** vorliegen.

»Gegencheck« Nachdem dies akzeptiert worden ist, wird der Fragebogen entwickelt. Hier ist ein »Gegencheck« sinnvoll, ob **alle in der Zielfestlegung formulierten Probleme und alle notwendigen statistischen Daten im Fragebogen enthalten** sind.

Pretest Nachdem der Fragebogen mit der Geschäftsleitung abgestimmt worden ist, wurde er 20 Personen, die aus der Befragungsgruppe stammen, vorgelegt und von diesen ausgefüllt. Anhand dieses Pretests wird der **Fragebogen** dann auf Verständlichkeit, Korrektheit der Antworten, Gestaltung und auf Kürzungsmöglichkeiten hin **überprüft**.

Hiernach wird er endgültig abgestimmt und gedruckt. Letzteres unter der Berücksichtigung der Anforderung, dass die einzelnen Exemplare codiert – also individuell mit einer Nummer, die keine Rückschlüsse auf die Befragten, wohl aber auf den Interviewer erlaubt – und scannerfähig gestaltet werden müssen.

Abb. 6.2: Schritte zur Erstellung eines Fragebogens

6.3 Datenerhebung

Bei der Erhebung der Daten kann es leicht zu Fehlern kommen, die die Kostenhöhe und die Untersuchungsgenauigkeit beeinflussen. Einige der häufigsten Probleme bei der Befragung sind:

- Die zu befragenden Personen
  - sind nicht anzutreffen,
  - verweigern die Auskunft oder
  - geben bewusst falsche Antworten;

- die Interviewer
  - beeinflussen die zu Befragenden oder
  - täuschen sogar Interviews lediglich vor.

Probleme bei der Befragung

Daher muss **vor der Datenerhebung** eine intensive **Interviewerschulung** stattfinden. Zudem sollten **regelmäßig** während und auch nach der Erhebung **Kontrollen** durchgeführt werden, um Ergebnisverzerrungen oder -fälschungen so weit wie möglich auszuschließen. Der Auftraggeber sollte sich vorbehalten, diese Kontrollen entweder selbst durchzuführen oder sie zu beobachten.

In unserem Beispiel werden **1.000 Interviews in ganz Deutschland** von geschulten Interviewern durchgeführt. Das Institut prüft durch Kontrollanrufe bei 5 % der befragten Personen die richtige Durchführung der Interviews. Dann werden die Ergebnisse vom beauftragten Marktforschungsinstitut auf Vollständigkeit und auf Stimmigkeit geprüft, aufbereitet und dem Reifenhersteller zugestellt.

Der vierte Schritt im Ablauf der Marktforschungsstudie besteht nun darin, die erhobenen Daten zu analysieren.

6.4 ANALYSE DER DATEN

➡ *Entscheidend ist hier die Verdichtung der großen Datenmenge auf wesentliche Informationen.*

Die gewonnenen Ergebnisse werden dann mit vorhandenen Studien und Fachaufsätzen über ähnliche Themen **verglichen und Besonderheiten hervorgehoben.**

Vergleich mit vorhandenem Material

Beispiel: Der Reifenhersteller lässt die Daten der Fragebögen im Computer erfassen und erstellt eine Auswertung. Die folgende Tabelle zeigt eine mögliche Kreuztabelle als Ergebnis der Reifenstudie.

Die Frage lautete:
Aus welchem Grund/welchen Gründen haben Sie sich beim Neukauf Ihrer Reifen gerade für diese Marke entschieden? (Mehrere Antworten möglich – Interviewer: Antworten nicht vorlesen)

	Gesamt		Männlich		Weiblich	
Basis	1000		635		365	
Günstiges Preis-/Leistungsverhältnis	286	28,6 %	180	28,3 %	106	29,1 %
Gute Erfahrungen mit Marke gemacht	254	25,4 %	168	26,5 %	86	23,6 %
Empfehlung durch Reifenhändler/Kfz-Werkstatt	205	20,5 %	105	16,5 %	100	27,5 %
Empfehlung durch Verwandte/Bekannte	198	19,8 %	130	20,4 %	68	18,6 %
Marke besitzt renommierten Namen	183	18,3 %	150	23,6 %	33	9,0 %
Möchte nicht mehrere Reifenmarken an meinem Auto haben	170	17,0 %	128	20,2 %	42	11,4 %
Marke erzielte gute Testergebnisse	144	14,4 %	99	15,6 %	45	12,3 %
Sonderangebot	136	13,6 %	90	14,2 %	46	12,6 %
Sonstige Gründe	98	9,8 %	67	10,5 %	31	8,5 %
Gesamt *)	1.674	167,4 %	1.117	175,9 %	557	152,6 %

*) Auf Grund der Möglichkeit, mehrere Antworten zu geben, ist der Prozentsatz größer als 100%.

Tab. 6.1: Kreuztabelle des »Reifenhersteller«-Beispiels

Aus der Tabelle wird ersichtlich, dass der am häufigsten genannte Grund für die Wahl der Reifenmarke sowohl bei den Männern als auch bei den Frauen **ein gutes Preis-/Leistungsverhältnis** ist.

Wenn die Befragten in anderen Gruppen wie z. B. Alter, Fahrzeugmarke oder auch Einkommen untersucht würden, so könnte jedoch durchaus in einzelnen Untergruppen ein anderer Grund der am häufigsten genannte sein.

Auffällig ist aber auch, dass prozentual wesentlich mehr Frauen (27,5 %) als Männer (16,5 %) die Reifenmarke von ihrem Händler empfohlen bekommen haben. Der Hersteller sollte deshalb seine Anstrengungen darauf richten, die Mitarbeiter der Werkstätten dahin gehend zu schulen, dass diese möglichst allen Frauen die eigene Marke empfehlen.

Die wesentlichen Ergebnisse der Studie sollten in einem **Bericht** zusammengefasst werden. Dieser soll dem Management als **Entscheidungsgrundlage** für Marketingfragen dienen und ihm möglicherweise einige **Handlungsempfehlungen** geben. Wichtig ist, dass der Bericht so abgefasst ist, dass auch ein fachfremder Manager (z. B. Entwicklungsleiter) ihn verstehen kann.

6.5 ERGEBNISBERICHT UND PRÄSENTATION

»Management Summary«

Der Bericht sollte aus
- einer kurzen **Zusammenfassung** »Management Summary« auf ca. 2–3 Seiten,
- einem **umfassenden Bericht** und
- dem **vollständigen Tabellenband** bestehen.

Zusätzlich empfiehlt es sich, auch die anonymen Rohdaten zu erhalten, falls später z.B. eine andere Gruppenaufteilung (Altersgruppen) gewünscht wird.

Zunehmend wird dieser Bericht bereits **multimedial** aufbereitet, sodass man von Textpassagen über »Links« direkt auf die zugehörigen Tabellen kommt. Getreu dem Motto: »Ein Bild sagt mehr als 1.000 Worte«, sind die wesentlichen Ergebnisse grafisch aufbereitet. In vielen Fällen werden die Ergebnisse zusätzlich zum Bericht vor dem Management präsentiert.

Beispiel: Es könnten folgende Umfrageergebnisse bei der Reifenstudie herausgekommen sein, die von großem Interesse sind:
1. Etwa jeder vierte Befragte (26,8 %) kennt die Marke seiner neu gekauften Reifen nicht oder gibt eine falsche Marke an. Bei den Frauen erhöht sich dieser Anteil sogar auf 42,8 %.
2. Jeder dritte Autobesitzer kauft seine Reifen in der Werkstatt, in der er auch Reparaturen durchführen lässt; bei den Besitzern einer gehobenen Fahrzeugmarke (z. B. Mercedes-Benz, BMW) ist dieser Anteil noch deutlich größer (50,0 %).
3. Für fast jeden vierten männlichen Autobesitzer ist der renommierte Name ein Kaufentscheidungsgrund. Dieser Anteil steigt sogar noch proportional mit dem Einkommen der Befragten.

Aus diesen Ergebnissen könnte das Management folgern, dass man seine Anstrengungen in der Werbung darauf richten sollte, klarer herauszustellen, dass es nicht egal ist, welche Reifenmarke man fährt, also zu versuchen, ein Markenbewusstsein für die eigene Marke beim Kunden aufzubauen (Punkt 1).

6.6 UMSETZUNG DER ERGEBNISSE

Eine weitere mögliche Maßnahme – als Reaktion auf Punkt 2 – wäre z. B. eine verstärkte Information der Kfz-Mechaniker über die hohe Qualität der eigenen Reifenmarke gerade für größere Autos.

Der dritte Punkt könnte als Handlungsempfehlung beinhalten, dass bei der Zielgruppe »männliche Autobesitzer mit gehobenem Einkommen« eine Verbesserung des eigenen Images großen Erfolg haben könnte.

6.7 PRÜFUNGSAUFGABE

Aufgabe 6.1: Projektablauf in der Marktforschung

Die alteingesessene Firma Glücksbräu GmbH möchte neben ihrem Pils »Glücksbier«, das seit Jahrzehnten Marktführer in der Region ist, ein alkoholfreies Pils einführen. Die Forschungsabteilung hat dieses Bier bereits entwickelt. Die Geschäftsführer des Unternehmens möchten aber gern erfahren, ob dieses Bier auf dem Markt überhaupt eine Chance hat.

FRAGEN

Wie könnte der Ablauf dieser Marktforschungsstudie aussehen? Versuchen Sie, die 6 Phasen für einen möglichen Projektablauf zu beschreiben.

7 SERVICETEIL

LÖSUNGEN ZU DEN PRÜFUNGSAUFGABEN	**146**
LITERATURVERZEICHNIS	**169**
ABKÜRZUNGSVERZEICHNIS	**170**
TABELLEN UND ABBILDUNGEN	**170**
STICHWORTVERZEICHNIS	**172**

> **Bitte beachten Sie:**
> Hier werden nur einige mögliche Lösungsansätze vorgestellt.
> Die Musterlösungen erheben **keinen** Anspruch auf Vollständigkeit.

Prüfungsaufgaben zu Kapitel 2

Aufgabe 2.1: Zielbildung (S. 26)

a) **Schlagen Sie dem Vorstandsvorsitzenden 3 Ziele des DFB vor.**
- Steigerung des Gewinns 2003 um 23% gegenüber 2002
- Senkung der Personalkosten 2003 um 10%, bis zum Jahr 2005 um 25%, bis zum Jahr 2020 um 50%
- Erhöhung des gestützten Bekanntheitsgrades des DFB auf 80% bis zum Jahr 2003
- Umwandlung des DFB zu einem modern geführten Unternehmen nach Managementprinzipien bis zum Jahr 2005

b) **Nennen Sie 3 Anforderungen, die generell an ein Zielsystem gestellt werden.**
- Konsistenz, d.h., es dürfen keine Widersprüche vorkommen,
- Realisierbarkeit bzw. Durchsetzbarkeit,
- Vorgabe von Inhalt, Ausmaß und Zeitrahmen in den Zielen,
- hierarchische Ordnung,
- Transparenz und Aktualität.

c) **Welche Zielbeziehungen bestehen zwischen den von Ihnen entwickelten Zielen?**
- Gewinnsteigerung und Personalkostensenkung: **komplementär**

- Gewinnsteigerung und Erhöhung des Bekanntheitsgrades: **kurzfristig konkurrierend**

- Gewinnsteigerung und Umwandlung: **kurzfristig möglicherweise konkurrierend, langfristig komplementär**

- Personalkostensenkung und Erhöhung des Bekanntheitsgrades: **konkurrierend**

- Personalkostensenkung und modernes Management: **komplementär**

- Erhöhung des Bekanntheitsgrades und modern geführtes Management: **indifferent bis komplementär**

Aufgabe 2.2: Marketingleitbild (S. 27)

a) **Geben Sie eine kurze Definition eines Marketingleitbildes.**
Leitbild ist eine Zusammenfassung von einzelnen zumeist qualitativen Einzelzielen zu einem Gesamtziel; Ziel ist es dabei, sich das Unternehmen als Ganzes, quasi wie eine Persönlichkeit, vorstellen zu können.
Die Zusammenfassung von Einzelzielen zu einem Gesamtziel macht das Gesamtziel erheblich deutlicher.

b) **Welche Ziele fließen in ein Marketingleitbild ein?**
- Marktanteil
- Bekanntheitsgrad
- Image
- Preissegment
- Erhältlichkeit, Distributionsdichte/-wege

c) **Welche Ziele sollte sich der Bereich »Direktmailing-Werbebriefversand für Unternehmen« der DPWN realistischerweise geben?**
- Marktanteil: 60 % des Umsatzes an Werbebriefen
- Bekanntheitsgrad: 90 % ungestützt
- Image: Schnell, professioneller Versand
- Preissegment: Mittleres Preissegment
- Erhältlichkeit, Distributionsdichte/-wege: Aus allen Orten, in alle Orte

d) **Worin sehen Sie mögliche Vor- oder Nachteile eines Marketingleitbildes gegenüber einer Aufstellung einzelner Marketingziele?**
- Leitbild ist plastischer für alle Beteiligten als eine Vielzahl von Einzelzielen.
- Viele Marketinginstrumente wirken auf mehrere Ziele gleichzeitig, daher Orientierung am Leitbild besser.
- Unklar ist die Beurteilung der Zielerreichung, wenn einzelne Zielbestandteile nicht erreicht wurden, andere übererfüllt.
- Bei der Instrumentenwahl erfolgt manchmal keine klare Zuordnung zu den Hauptzielen.

Prüfungsaufgaben zu Kapitel 3

Aufgabe 3.1: SWOT-Analyse (S. 52)

a) Erstellen Sie eine ausführliche SWOT-Analyse.

- Chancen und Risiken:
  Chancen bestehen für das Unternehmen vor allem in den neuen Gesetzen, die Subventionen für umweltfreundliche Bauweise versprechen. Da die Konkurrenz auf diesem Sektor zurzeit nur gering ist (der einzige große Konkurrenzanbieter verwendet bislang kein umweltfreundliches Material) und die Nachfrage auf Grund der Gesetze stark steigen wird, kann die GmbH eine Marktführerschaft anstreben. Zudem hat das Unternehmen den Vorteil, in einer boomenden Branche zu arbeiten. Außerdem sind Dachziegel Produkte, die in den nächsten Jahrzehnten vermutlich nicht durch andere Produkte vom Markt gedrängt werden.
  Ein Risiko könnte darin liegen, dass der Hauptkonkurrent zukünftig auch umweltfreundliche Materialien verwendet und somit die preisgünstigere Alternative für den Kunden sein könnte. Zudem könnte er versuchen, Spezialisten vom eigenen Unternehmen abzuwerben.

- Schwächen bei der »Allzeit-Dach GmbH«:
  1. Die Kapazitätsengpässe in der Fertigung, die gleichzeitig die Flexibilität einschränken und zu Schwierigkeiten bei der Einhaltung von Lieferfristen führen;

  2. die Mitarbeiter des Vertriebs, die auf Grund der Bezahlung und der weiten Reisen unmotiviert sind und sich zu wenig um die Beschaffung neuer Kunden sowie die Betreuung der gegenwärtigen Kunden kümmern.

Diese beiden Schwächen sind so wichtig, dass sie möglichst behoben werden sollten, z.B. durch die Beschaffung weiterer Maschinen und Personaleinstellung oder durch ein höheres Gehalt bzw. durch Prämien sowie die Errichtung von dezentralen Vertriebsstätten.
Allerdings müssen die Schwächen in der Produktion zuerst vermindert werden, da ansonsten ein Abbau der Vertriebsschwächen zu noch größerer Nachfrage führen würde, die aber nicht bedient werden kann.

b) Stellen Sie ein geschlossenes Zielsystem für dieses Unternehmen auf, angefangen bei den Basic beliefs bis hin zu den Bereichszielen für die Bereiche Marketing, Produktion, Vertrieb und Finanzierung.

- **Basic beliefs:**
  - Erzielung eines ausreichenden Gewinns,
  - Berücksichtigung ökologischer Bereiche (umweltverträgliche Ziegel).

- **Mission (Unternehmenszweck):**
  - Produktion und Vertrieb von Produkten zum umweltverträglichen Schutz des Hauses vor Wind, Regen usw.,
  - Zielgruppe: Personen, die Wert auf Qualität und Umweltverträglichkeit legen,
  - Innovationsausrichtung: Hoher Wert der Forschungs- und Entwicklungsabteilung; Produktion nach dem neuesten Stand der Technik.

- **Unternehmensziele:**
  - Steigerung des Gewinns innerhalb der nächsten 3 Jahre um jeweils 15%,
  - Steigerung des Marktanteils von 40 auf 45% im kommenden Jahr,
  - Erhöhung des Umsatzes im kommenden Jahr um 20%,
  - Erringung des höchsten Umweltpreises der Bauinnung,
  - Steigerung der Arbeitszufriedenheit aller Mitarbeiter auf 80%.

- **Bereichsziele:**
  Marketing:
  - Steigerung des Marktanteils von 40 auf 48% innerhalb von einem Jahr,
  - Erhöhung der Wiederkaufrate von 20 auf 25% innerhalb der kommenden 5 Jahre,
  - Beibehaltung des derzeit hervorragenden Images.

  Produktion:
  - Steigerung der Produktivität um 10% im kommenden Jahr,
  - Reduzierung der Lieferuntreue um 10% im kommenden Jahr.

  Vertrieb:
  - Erhöhung der Motivation der Vertriebsmitarbeiter: Steigerung des Zufriedenheitsgrades von 40 auf 60%,

- Reduzierung der Wegezeiten und -kosten um 18 % durch Errichtung von 4 Vertriebsstätten außerhalb des Produktionswerkes in den nächsten 2 Jahren,
- Reduzierung der Fluktuation von 40 auf 25 %.

Finanzierung:
- Finanzierung des Kaufs neuer Produktionsmaschinen zu max. 8 % Zinsen p. a.,
- Finanzierung der Anmietung von 4 neuen Vertriebsstätten in den nächsten 2 Jahren zu max. 35 €/m²,
- Finanzierung einer neuen Emissionsschutzanlage.

c) **Überprüfen Sie, ob Ihre gewählten Ziele die Oberziele und Basic beliefs unterstützen und ob die Bereichsziele sich nicht gegenseitig beeinträchtigen.**

- Die meisten Bereichsziele unterstützen die Basic beliefs: Beispiel: Die Emissionsschutzanlage und die Einrichtung von Vertriebsstätten (Einsparung von Autobahnkilometern) unterstützen den ökologischen Zielbereich. Die Steigerung der Produktivität und die Erhöhung des Marktanteils können den Gewinn erhöhen.
- Einige Bereichsziele können die Basic beliefs beeinträchtigen. Zum Beispiel führt eine Steigerung der Prämien für die Außendienstmitarbeiter zu einer Gewinnreduzierung. Auch die zahlreichen Investitionen können den Gewinn vermindern.
- Zwischen dem Unternehmensziel »Steigerung des Marktanteils von 40 auf 45 %« und dem Marketingziel »Steigerung des Marktanteils von 40 auf 48 %« kann es zu Problemen kommen, da der Marketingbereich für eine größere Steigerung ein erhöhtes Budget benötigt, z. B. für Werbeausgaben oder Verkaufsförderungsmaßnahmen.
- Innerhalb der Bereichsziele kann es zu Konflikten in der Produktion kommen, denn der Einsatz neuer Maschinen könnte bewirken, dass nicht alle Arbeitsplätze gehalten werden können.

Aufgabe 3.2: Strategische Geschäftsfelder (S. 53)

a) Erstellen Sie das Portfolio nach der Boston Consulting Group (4-Feld-Matrix) und positionieren Sie die Produkte Randsteine, Kantensteine, Betonfarbe, »ÖKO-Beton 2000« und Betonfarbe (Anti-Graffiti) in dieser Matrix. Benennen Sie dabei auch die einzelnen Felder der Matrix.

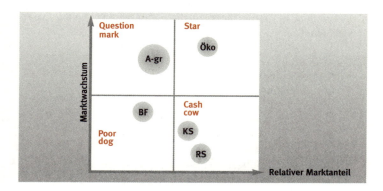

b) Analysieren Sie die Lage des Unternehmens, wo sehen Sie Pluspunkte, wo Schwachstellen? Gehen Sie dabei auf die Gewinn- und Liquiditätssituation sowie auf die Zukunftsaussichten ein.

Das Unternehmen verfügt über
- 2 Cash cows, von denen eine aber nur über ein sehr geringes Marktwachstum verfügt
- 1 Star
- 1 Question mark mit einer Tendenz zum Star
- 1 Poor dog

Insgesamt handelt es sich um eine relativ »gesunde« Struktur. Das Unternehmen könnte versuchen, den Star und das Question mark weiter zu entwickeln; vom Poor dog sollte man sich noch nicht trennen, aber auch keine kostspieligen Investitionen durchführen.
Ohne die Umsatzbedeutung der einzelnen Produkte für das Unternehmen zu kennen, ist es schwierig, konkrete Aussagen über die Gewinn- und Liquiditätsentwicklung zu treffen. Die Überschüsse der Cash cows werden vermutlich ausreichen, um die Defizite bei den anderen Produkten zu tragen. Mit nur einem Star ist die Zu-

kunft nicht ganz so positiv, daher sollte auch in die Anti-Graffiti-Betonfarbe investiert werden (allerdings erst nach einer SWOT-Analyse).

c) **Charakterisieren Sie eine Strategische Geschäftseinheit, die nach der 4-Feld-Matrix der Boston-Consulting Group als »Star« zu beschreiben ist!**

- Einordnung in Matrix: hohe relative Marktanteile, hohes Marktwachstum.

- Eigenschaften:
  - Zukunftsprodukt,
  - sichert Unternehmenszukunft,
  - positive Profitraten,
  - Zwang zum Wachstum (SGE muss mindestens ebenso stark wachsen wie Markt, sonst Marktanteilsverluste),
  - Cash cow von morgen,
  - große Wettbewerbsstärke, deshalb gute Chancen für Durchsetzung von Maßnahmen am Markt.

d) **Welche Empfehlungen gelten für das Marketing, mit welcher Strategie ist ein Star zu führen?**

Investitionsstrategie: SGE muss ausgebaut werden, um Sicherheit für morgen zu garantieren. Ausbau zum Beispiel durch weitere Produktvariationen – Markt ist noch aufnahmefähig, Sicherung durch entsprechende Kommunikation, die Bekanntheit und Image stützt.

e) **Kritisieren Sie die Portfolioanalyse! Nennen und erläutern Sie möglichst viele Kritikpunkte (Minus-/Pluspunkte) der Methode!**

- **Minuspunkte:**
  - Beschränkung auf wenige Marktsituationen,
  - Reduzierung komplexen Marktgeschehens auf wenige Aspekte,
  - Einbezug nur weniger Einflussfaktoren,
  - keine explizite Betrachtung der Kosten-/Gewinnsituation der SGE,
  - kein Einbezug von Wechselbeziehungen der SGE untereinander,
  - statische Betrachtung,
  - Festschreiben von Ist-Zuständen,
  - Vernachlässigung qualitativer Komponenten.

- **Pluspunkte:**
  - Übersichtlichkeit,
  - gute Handhabung,
  - schneller Unternehmensüberblick,
  - Einbezug aller SGE,
  - empirische Relevanz der Beurteilungskriterien,
  - folgt dem Outside-In-Prinzip.

Prüfungsaufgaben zu Kapitel 4

Aufgabe 4.1: Bestimmungsgründe für den Umsatz (S. 82)

a) Welche Möglichkeiten der Umsatzerhöhung fallen Ihnen ein?
- Preiserhöhung/-senkung je nach Preisempfindlichkeit der Käufer
- Erhöhung der Kaufhäufigkeit
- Andere Verwendungsarten (Bier als Haarwaschmittel, Schneckenvertilgungsmittel)
- Neukundengewinnung durch
  - Abwerbung von Konkurrenz
  - Gewinnung von Nichtverwendern (alkoholfreies Bier)
- Verringerung des Kundenabganges
  - Reduzierung der Abwanderung zur Konkurrenz (Geschmacksänderungen)
  - Verwender werden zu Nichtverwendern

b) Welche Umsatz- und Gewinnveränderungen ergeben sich durch die einzelnen Maßnahmen?

	Ausgangslage	1. Preiserhöhung	2. Preissenkung	3. Alkoholfrei	4. Neue Vertriebswege	5. Werbung
Preise (€)	10,00	11,00	9,00	10,00	10,00	10,00
Kaufhäufigkeit pro Pers. (Kästen/Jahr)	48	45	50	49	48	48
Kundenbestand (in Tsd.)	100	100	100	100	100	100
Neukunden/Abwerbung p.a. (in Tsd.)	2	1,6	3,5	3	3,5	6
Neukunden/Nichtverwender p.a. (in Tsd.)	0,2	0,2	0,2	0,5	0,2	0,2
Kundenabgang p.a. (in Tsd.)	1	1	2	1	1	0,2
durchschn. Kundenbestand (in Tsd.)	100,60	100,30	100,85	101,15	101,60	103,00
Fixe Kosten / Jahr in Mio. €	12,5	12,5	12,5	12,5	12,5	12,5
Mehrkosten in Mio. €	–	0,005	0,005	0,1	0,075	0,3
Variable Kosten / Kasten p.a. in €	7	7	7	7	7	7

(weiter auf S. 155)

	Aus-gangs-lage	1. Preis-erhö-hung	2. Preis-senkung	3. Alko-holfrei	4. Neue Ver-triebs-wege	5. Wer-bung
Menge in Kästen/Jahr (in Tsd.)	4.829	4.514	5.043	4.956	4.877	4.944
Umsatz/Jahr (in Mio. €)	48,29	49,65	45,38	49,56	48,77	49,44
Gesamtkosten (in Mio. €)	46,30	44,10	47,80	47,29	46,71	47,41
Gewinn (in Mio. €)	1,986	5,549	−2,420	2,269	2,055	2,032
Gewinnveränderung abs. (in Mio. €)		3,56	−4,41	0,28	0,07	0,05
Gewinnveränderung %		179	−222	14	4	3
Umsatzveränderung abs. (in Mio. €)		1,36	−2,91	1,28	0,48	1,15
Umsatzveränderung %		3	−6	3	1	2

c) Welche Maßnahmen sollte er ergreifen, wenn er den Gewinn maximieren will?

Er sollte eine Preiserhöhung durchführen.

d) Wie könnten die Marktreaktionen zu begründen sein?

Die Käufer reagieren relativ preisunempfindlich, d.h., es kommt bei einer Preiserhöhung auch zu einer Umsatzerhöhung. Die Wirkung der Preiserhöhung ist stärker als der mengenmäßige Absatzrückgang. Die Kunden sind markenbewusst und schwenken wegen einer moderaten Preiserhöhung nicht auf eine andere Marke um.

Aufgabe 4.2: Marketingstrategien (S. 84)

a) Welche Marktfeldstrategien kennen Sie? Beschreiben Sie diese kurz.

	alt	neu
alt	**Markdurchdringung** (Minimumstrategie)	**Marktentwicklung** (nahe liegende Strategie = Arrondierung)
neu	**Produktentwicklung** (Innovationsstrategie)	**Diversifikation** (Absicherungsstrategie)

Beschreibung: Vgl. S. 57 ff.

b) **Welche der möglichen Strategien würden Sie Ihrer Firma empfehlen. Beschreiben Sie die von Ihnen gewählte Strategie genauer.**

Empfohlen wird eine Produktentwicklungsstrategie: Der Trend geht auf dem Markt zu Naturprodukten. Da das Unternehmen ein Hersteller von hochwertigen Garnen sind, kann es sich diesem Trend nicht verschließen. Die Entwicklungsabteilung soll ein hochwertiges Naturseidegarn entwickeln, welches in Kürze auf den Markt gebracht wird. Damit grenzt sich das Unternehmen von den Billiganbietern aus dem Osten/Japan ab und hat eine echte Produktinnovation sowie am Anfang eine Monopolstellung. Außerdem entsteht die Chance, die Auslastung der Produktionsanlagen zu erhöhen.

Vorteil: Das Unternehmen ist auf dem Markt bekannt und das Produkt kann von der Zielgruppe zugeordnet werden. Es kennt die Marktgröße, den Marktanteil und die allgemeine Wettbewerbssituation.

Risiken bestehen zum einen darin, dass das Produkt qualitativ mit dem Kunstprodukt nicht mithalten kann und so das Image leidet, zum anderen darin, dass die Umweltorientierung nur ein kurzfristiger Modetrend ist, bzw. die Kunden nicht bereit sind, hierfür höhere Preise zu zahlen.

Aufgabe 4.3: Marktfeldstrategien (S. 85)

a) **Wie sieht eine Marktentwicklungsstrategie nach der Ansoff-Matrix (Marktfeldstrategien) aus?**

Marktfeldentwicklungsstrategie nach Ansoff bedeutet »gegenwärtige Produkte auf neuen Märkten«. Man versucht die vorhandenen Ressourcen und Kenntnisse optimal zu nutzen, indem sie auf neuen Märkten eingesetzt werden.

b) **Welche Ansatzpunkte zur Markterweiterung kann das Unternehmen verfolgen? Beschreiben Sie zwei mögliche Marktenwicklungsstrategien**

- Regionale Marktentwicklung – neuer geografischer Marktraum, hier: Ausdehnung in andere europäische Länder, Süd- oder Osteuropa.

- Zielgruppenspezifische Marktentwicklung – neue Zielgruppen, eventuell mit leicht variiertem Produkt ansprechen, hier: Privatkunden, Befestigung von Terrassen, Garageneinfahrten etc.

- Nutzenspezifische Marktentwicklung – neue Märkte durch neuen, zusätzlich Produktnutzen, hier: Angebot von Betonfertigteilen für ökologische Befestigung von Bodenflächen, Regenwasserdurchlässigkeit etc.

c) **Welche Probleme sind im Zuge Ihrer Marktenwicklungsmöglichkeiten vorstellbar?**

- Regional: Andere Designvorlieben in unterschiedlichen Ländern, regionale Besonderheiten im Geschmack, Bodenbeschaffenheit, Kaufkraft etc.

- Zielgruppenspezifisch: Privatkunden erfordern gänzlich anderes Marketing, von Vertriebswegen bis zur Kommunikation, Privatkunden haben andere Ansprüche an das Produkt (z. B. Design versus Zweckmäßigkeit), kleine Abnahmemengen etc.

- Nutzenspezifisch: Neupositionierung (z. B. auf Ökologie) erfordert große Marketinganstrengung, Akzeptanzprobleme etc.

PRÜFUNGSAUFGABEN ZU KAPITEL 5

Aufgabe 5.1: Positionierungsalternativen (S. 130)

a) Kann aus diesen Ergebnissen gefolgert werden, dass alle Hersteller absolut gleich eingeschätzt worden sind?

Wenn man lediglich die zweite Tabelle betrachtet, wird der Anschein erweckt, dass die Bewertung für die drei Hersteller absolut gleich ausgefallen ist.

Allerdings kann man hieraus nicht erkennen, wie die einzelnen Käufergruppen die Eigenschaften jeweils bewertet haben, denn diese sind für sie wahrscheinlich unterschiedlich wichtig. So könnte es z. B. sein, dass der Hersteller Samsam von den Tiefbauunternehmen für die Eigenschaft »Haltbarkeit« eine 8 erhalten hat und diese Eigenschaft für diese Unternehmen einen Anteil von 40 % an der Kaufentscheidung besitzt. So wäre dann auch der hohe Marktanteil von Samsam an den Tiefbauunternehmen zu erklären. Demgegenüber hat Munipli eventuell von diesen Unternehmen für die »Haltbarkeit« lediglich eine 2 erhalten, was eine Erklärung für den niedrigen Marktanteil wäre.

b) Welche Anforderungen würden Sie noch hinsichtlich der Auswertung an das Marktforschungsinstitut stellen?

Das Marktforschungsinstitut sollte auf jeden Fall noch eine Kreuztabellierung zwischen der Bewertung der Eigenschaften der einzelnen Hersteller einerseits und den Käufergruppen andererseits vornehmen.

Beispiel:

	Gesamt (Kd.-Gruppen)			Tiefbauunternehmen			Möbeltransporteure		
	Bra	Sam	Mun	Bra	Sam	Mun	Bra	Sam	Mun
Haltbarkeit	5	5	5	8	2	3	4	6	5
Kraftstoffverbrauch	4	4	4	6	2	7	2	8	2

Außerdem sollte eine Kreuztabellierung zwischen den Eigenschaften und den Käufergruppen bei der Frage nach der Bedeutung für den Kauf gemacht werden.

Beispiel: Wie hoch ist der Anteil der folgenden Eigenschaften an ihrer Kaufentscheidung?

	Gesamt	Tiefbau-unternehmen	Möbel-transporteure	...
Haltbarkeit, Belastbarkeit	20 %	40 %	20 %	...
Kraftstoffverbrauch	35 %	15 %	30 %	...
Laufruhe	10 %	5 %	15 %	...
Max. Zuladekapazität	10 %	20 %	15 %	...
Preis	25 %	20 %	20 %	...

So erhalten die einzelnen Hersteller Anhaltspunkte, wie sie ihre Marketingstrategie auf die jeweilige Zielgruppe ausrichten können.

Aufgabe 5.2: Fragebogenentwicklung (S. 131)

a) Erläutern Sie bitte bei jeder Frage, welche Fehler der Assistent möglicherweise gemacht hat und geben Sie zu jeder Frage Ihre eigene Lösung an.

Zu Frage 1
Kritik:
- »Gar nicht« ist überflüssig, da nur Kunden befragt werden;
- der Zeitraum zwischen 1 Monat und 1/2 Jahr fehlt;
- »etwas« ist eher umgangssprachlich

Alternativvorschlag:
»Wann haben Sie das letzte Mal Draht bei der Firma Zieh bezogen?«
☐ im letzten Monat
☐ vor 2–3 Monaten
☐ vor 4–6 Monaten
☐ vor 7–12 Monaten
☐ vor mehr als einem Jahr

Zu Frage 2
Kritik:
- viel zu unspezifisch;
- es wird gleichzeitig nach Mitarbeitern und nach Produkten gefragt, was unzulässig ist (Wie soll sich der Befragte entscheiden, wenn er mit den Mitarbeitern sehr zufrieden, mit den Produkten aber unzufrieden ist?);
- die Antwortmöglichkeit »schlecht« fehlt.

Alternativvorschlag:
»Wie zufrieden sind Sie mit Firma Zieh bezüglich folgender Kriterien?«

	sehr zufrieden	zufrieden	weniger zufrieden	unzufrieden
Kompetenz der Mitarbeiter	☐	☐	☐	☐
Freundlichkeit der Mitarbeiter	☐	☐	☐	☐
Qualität der Produkte	☐	☐	☐	☐
…	☐	☐	☐	☐

Zu Frage 3
Kritik:
- Es wird unterstellt, dass Kunden auch bei der Konkurrenz kaufen (Suggestivfrage);
- die Fragestellung kann beleidigend aufgefasst werden, in dem Fall wird der Fragebogen sicher nicht weiter ausgefüllt;
- der Begriff »Konkurrenz« klingt nicht sonderlich gut, besser wäre »Mitbewerber«

Alternativvorschlag:
»Gibt es neben der Firma Zieh andere Drahtziehereien, bei denen Sie Draht beziehen?«
☐ ja   ☐ nein

Aus welchen Gründen kaufen Sie bei den anderen Unternehmen?

☐ Qualität   ☐ Vorgabe durch Endkunden
☐ Preis   ☐ Lieferzeit
☐ Termintreue   ☐ Sonstiges, und zwar:

_____

b) Welche Fragen zur Statistik der Unternehmen wären bei dieser Analyse sinnvoll?

Interessant wären Fragen zu folgenden Bereichen:
- Mitarbeiteranzahl,
- Umsatz des Unternehmens,
- Abteilung des Befragten im Unternehmen,
- Branche des Unternehmens; Produktpalette,
- Größe der Einkaufsabteilung, Qualifikation der dortigen Mitarbeiter.

Eine Frage nach dem Sitz des Unternehmens ist hier wenig geeignet, da sich alle Kunden im näheren Umkreis befinden.

Die Fragen könnten folgendermaßen aussehen:

Wie viele Mitarbeiter sind in Ihrem Unternehmen tätig?

_____ Mitarbeiter

Wie hoch ist der Jahresumsatz Ihres Unternehmens?
☐ bis 1 Mio. €   ☐ über 1–10 Mio. €
☐ über 10–50 Mio. €   ☐ über 50 Mio. €

In welcher Abteilung sind Sie beschäftigt?
☐ Geschäftsleitung   ☐ Konstruktion
☐ Einkauf   ☐ Fertigung
☐ Vertrieb   ☐ Sonstige

In welcher Branche ist Ihr Unternehmen tätig?

_____

c) Welche Methode der Datenerhebung würden Sie der Firma Zieh vorschlagen?

Die Vorteile der einzelnen Methoden sind:
- Telefonische Befragung:
  - schnell
  - kostengünstig
  - hohe Rücklaufquote, leichte Erreichbarkeit der Personen
  - Telefonnummer und Ansprechpartner in der Kundendatenbank vorhanden
- Schriftliche Befragung:
  - kann Firma selbst durchführen
  - Befragte haben Zeit, sich die Antwort zu überlegen
  - kostengünstig
  - kein Interviewereinfluss
- Befragung per Internet
  - abhängig davon, ob die Unternehmen einen Internetanschluss haben
  - schnell
  - sehr kostengünstig
  - Dateneingabe entfällt

d) Hat der Geschäftsführer Ihrer Meinung nach auch Fehler bei der Auftragsvergabe gemacht?

- Es fehlt völlig an einer umfassenden Zielformulierung, also der detaillierten Angabe, welche Daten eigentlich erhoben werden sollen;
- Zeit- und Kostenrahmen fehlen ebenso

Aufgabe 5.3: Statistische Auswertungen (S. 132)

a) Müssen diese Daten noch bereinigt werden?

	Geschlecht	Wahlentscheidung	Partei	Alter
1	m	entschlossen	CPD	18
2	m	weiß nicht	SWD	64
3	m	entschlossen	FRG	75
4	w	weiß nicht	GR	34
5	w	weiß nicht	SWD	35
6	w	weiß nicht	FRG	26
~~7~~	~~w~~	~~entschlossen~~	~~CPD~~	~~9~~
8	m	entschlossen	CPD	56
9	w	entschlossen	FRG	45
10	w	entschlossen	CPD	76
11	m	entschlossen	CPD	23
12	w	entschlossen	CPD	34
13	m	entschlossen	CPD	19
14	w	entschlossen	SWD	74
15	m	entschlossen	SWD	29
~~16~~	~~m~~	~~entschlossen~~		~~62~~
17	m	weiß nicht	SWD	31
18	w	entschlossen	FRG	45
19	w	weiß nicht	GR	38
20	m	entschlossen	SWD	62
21	m	weiß nicht	CPD	42
22	w	weiß nicht	GR	38

Die Fragebögen mit der Nr. 7 und 16 sind aus der Auswertung zu eliminieren, da das Alter bei Nr. 7 unter dem Mindestalter von 18 Jahren liegt und bei Nr. 16 gar keine Aussage über die favorisierte Partei vorhanden ist.

Bevor Mutmaßungen angestellt werden, sind diese Fragebögen aus der Bewertung zu nehmen.

b) Stellen Sie anhand dieser Ergebnisse jeweils eine Häufigkeitsverteilung für die wahrscheinlich gewählte Partei und die Altersstruktur $\leq$ 30 Jahre; 31–40 Jahre; 41–50 Jahre und > 50 Jahre auf.

Partei: CPD

Altersklasse	Altersstruktur	
	abs.	rel. %
≤ 30	3	43 %
31–40	1	14 %
41–50	1	14 %
> 50	2	29 %
CPD-Wähler gesamt – abs.	7	
CPD-Wähler gesamt – rel. (%)	35 %	

Partei: FRG

Altersklasse	Altersstruktur	
	abs.	rel. %
≤ 30	1	25 %
31–40	0	0 %
41–50	2	50 %
> 50	1	25 %
FRG-Wähler gesamt – abs.	4	
FRG-Wähler gesamt – rel. (%)	20 %	

Partei: GR

Altersklasse	Altersstruktur	
	abs.	rel. %
≤ 30	0	0 %
31–40	3	100 %
41–50	0	0 %
> 50	0	0 %
GR-Wähler gesamt – abs.	3	
GR-Wähler gesamt – rel. (%)	15 %	

Partei: SWD

Altersklasse	Altersstruktur	
	abs.	rel. %
≤ 30	1	17 %
31–40	2	33 %
41–50	0	0 %
> 50	3	50 %
SWD-Wähler gesamt – abs.	6	
SWD-Wähler gesamt – rel. (%)	30%	

c) **Wie hoch ist das Durchschnittsalter und der Median**
   - **aller Befragten**
   - **der Wähler jeder Partei?**

- Durchschnittsalter (Jahre):
  - **Gesamt:** **43,20**
  - CPD-Wähler 38,29
  - FRG-Wähler 47,75
  - GR-Wähler 36,67
  - SWD-Wähler 49,17

- Median:
  - **Gesamt:** **38**
  - CPD 34
  - FRG 45
  - GR 38
  - SWD 49

d) **Wie groß ist die Spannbreite und die Standardabweichung der Altersverteilung aller Wähler?**

- Die Spannbreite reicht von 18–76 Jahre.
- Die Standardabweichung beträgt 18,11 Jahre.
  - Summe der Abweichungen zum Quadrat   = 6.559,2 Jahre
  - 6.559,2 geteilt durch 20 (Anzahl Befragten) = 327,96
  - hieraus die Quadratwurzel = 18,11 Jahre.

e) **Stellen Sie eine Kreuztabelle für das Geschlecht und die wahrscheinlich gewählte Partei auf.**

Partei	Gesamt abs.	%	männlich abs.	%	weiblich abs.	%
CPD	7	35 %	5	50 %	2	20 %
FRG	4	20 %	1	10 %	3	30 %
GR	3	15 %	0	0 %	3	30 %
SWD	6	30 %	4	40 %	2	20 %
Σ	20	100 %	10	100 %	10	100 %

Prüfungsaufgabe zu Kapitel 6 (S. 144)

Aufgabe 6.1: Projektablauf in der Marktforschung

Generell muss man sagen: Es war falsch, dass die Entwicklungsabteilung ein alkoholfreies Bier entwickelt hat, ohne vorher überprüft zu haben, welche Ansprüche (Geschmack, Farbe, etc.) potenzielle Kunden an ein solches Bier stellen. Denn hiervon hängt ab, ob es überhaupt auf dem Markt Chancen hat.

Also: Vor der Entwicklung sollte die Marktforschung stehen! Da die Entwicklung aber nun bereits geschehen ist, könnte der Ablauf einer solchen Marktforschungsstudie wie folgt aussehen:

- **Phase 1: Problemdefinition und Zielsetzung.**

Aus Kostengründen und hinsichtlich der Aussagekraft des späteren Ergebnisses sollte in dieser Phase eine genaue Abgrenzung des Problems erfolgen.

Für die Brauerei könnten folgende Problemdefinitionen formuliert werden:
- Gibt es Bedarf an alkoholfreiem Bier auf unserem Markt bzw. in unserer Region? Wie hoch ist dieser Bedarf?
- Welche Erwartungen werden an alkoholfreie Biere gestellt (Geschmack, Farbe, Haltbarkeit, Erhältlichkeit, Preis, Abgrenzung zu »normalen« Bieren, Kalorien etc.)?
- Wer sind die Hauptzielgruppen für dieses Produkt?
- Worin besteht die Konkurrenz zu unserem neuen Produkt (andere Hersteller/andere Getränke)?
- Zu welchem Preis könnte man dieses Bier anbieten?

- **Phase 2: Konzepterstellung**

In der zweiten Phase wird ein Forschungsplan zur Erreichung der gewünschten Informationen aufgestellt. In diesem Plan werden die verschiedenen einzusetzenden Arten zur Informationsgewinnung festgelegt und deren Durchführung bestimmt.

Da es sich bei diesem Produkt um eine Neueinführung auf dem Markt handelt, können alte Marktforschungsergebnisse nur eingeschränkt herangezogen werden. Lediglich Grundinformationen über den Biermarkt allgemein und den der alkoholfreien Biere können durch Sekundärforschungsmaterialien hinzugezogen werden. Daher entschließt sich die Geschäftsführung für eine Primärforschung (Frage nach der Datenquelle).

Das Unternehmen plant einen Produkttest (Erhebungsmethoden) mit anschließender Befragung der Zielgruppe (Käufer von Getränken allgemein).

Der Produkttest soll in 20 repräsentativ ausgewählten Supermärkten in der Getränkeabteilung und in Getränkehandlungen der Region durchgeführt werden (Frage nach dem Personenkreis).

Dort sollen Käufer von Getränken während ihres Einkaufs von Interviewern gebeten werden, unser neues Produkt zu testen. Dieser Test soll als identifizierter Test durchgeführt werden, da die Marke Glücksbräu ein sehr gutes Image besitzt und dieses gute Image auch beim alkoholfreien Bier später entscheidenden Einfluss auf die Kaufentscheidung haben dürfte.

Nachdem die Probanden das neue Bier getestet haben, soll der Interviewer sie bitten, an dem nebenstehenden Computer eigenständig einige Fragen zu diesem Produkt zu beantworten (Befragungsform). Diese computergestützte Befragung bietet den Vorteil, dass die Anzahl der Interviewer gering gehalten werden kann, dass sich die Befragten ihrer Anonymität sicher sein können und so möglicherweise auch die Anzahl der Falschaussagen (aus Gefälligkeit, weil man ja probieren durfte) auf ein Mindestmaß reduziert wird. Zudem ist eine schnellere Auswertung des Fragebogens möglich.

Bei der Auswertung entschließt sich die Geschäftsleitung auf Grund des Zeitdrucks dazu, lediglich Häufigkeitsverteilungen und Kreuztabellierungen machen zu lassen (Auswertungsverfahren).

- **Phase 3: Datenerhebung**

Da schon bei der Planung dieses Projekts sehr genau darauf geachtet worden ist, dass die Fehlerquote der Datenerhebung (z. B. durch die repräsentative Auswahl der Befragungsorte und die computergestützte Befragung) so gering wie möglich gehalten wird, dürften bei der Datenerhebung keine allzu großen Probleme auftreten.

Dennoch ist es wichtig, während und nach der Erhebung regelmäßig Kontrollen beispielsweise der Interviewer (»Beeinflussen sie die Testperson?«) durchzuführen.

- **Phase 4: Analyse der Daten**

Das wesentliche Problem dieser Phase liegt in der Selektion der gewonnenen Daten. Bereits in der zweiten Phase wurden die Auswertungsverfahren festgelegt. So sollen z. B. alle Fragen in Verbindung mit dem Alter, dem Geschlecht, den Verwendern/Nicht-Verwendern von anderem alkoholfreien Bier und dem Käufer/Nicht-Käufer der Marke Glücksbräu ausgewertet werden.

- **Phase 5: Ergebnisbericht und Präsentation**

Die gesamten Ergebnisse der Analyse werden in einem Bericht zusammengefasst und dem Management vorgelegt.

Dabei ist z.B. herausgekommen, dass 60% der Verwender von alkoholfreiem Bier das neue Produkt anderen Konkurrenzmarken vorziehen würden.

Allerdings würden 40% der Glücksbräu-Trinker dieses alkoholfreie Bier »nur im Notfall« (sie müssen noch Auto fahren) trinken und 50% würden dann sogar lieber auf Mineralwasser o.Ä. zurückgreifen.

- **Phase 6: Umsetzung der Ergebnisse**

Auf Grund der vorgestellten Ergebnisse ist klar geworden, dass es für das neu entwickelte Bier ein ausreichendes Marktpotenzial gibt.

Hauptzielgruppe für die Einführung dieses Bieres auf dem Markt werden die Käufer von alkoholfreiem Bier der Konkurrenz sein.

Dies soll dann auch in der Werbung (herausragender Geschmack, alteingesessene Biermarke, hohe Qualität) herausgestellt werden.

Für die bisherigen Kunden des Glücksbräu-Bieres soll als Marketingmaßnahme in der Einführungsphase lediglich eine Produktprobe jedem gekauften Bierkasten hinzugefügt werden.

LITERATURVERZEICHNIS

Ansoff, H. I.: Management-Strategie, 1966

Becker, Jochen: Marketing-Konzeption, 7. Aufl. 2001

Berekoven, Ludwig / Eckert, Werner / Ellenrieder, Peter: Marktforschung, 8. Aufl. 1999

Graumann, Jens/Weisman, Arnold: Konkurrenzanalyse und Marktforschung preiswert selbst gemacht, 1998

Hüttner, Manfred: Grundzüge der Marktforschung, 5. Aufl. 1997

Kastin, Klaus, S.: Marktforschung mit einfachen Mitteln, 1999

Kotler, Philip / Bliemel, Friedhelm: Marketing-Management, Analyse, Planung, Umsetzung und Steuerung, 9. Aufl. 1999

Meffert, Heribert: Marketing, Grundlagen marktorientierter Unternehmensführung, 9. Aufl. 2000

Uhe, Gerd / Müller, Michael: Arbeitsmethoden und -instrumente der Marktforschung, CD-Rom, 2001 (beim Autor (uhe@mfh-iserlohn.de) erhältlich)

Weis, Hans Christian / Steinmetz, Peter: Marktforschung, 4. Aufl. 2000

Weis, Hans Christian: Kompakt Training Marketing, 1999,

Abkürzungsverzeichnis

CAPI	= Computer Assisted Personal Interviewing		K_v	= variable Gesamtkosten
CATI	= Computer Aided Telephone Interviewing		k_v	= variable Stückkosten
			Me	= Median
			p	= Verkaufspreis
CRM	= Customer Relationship		R	= Spannweite
CSAQ	= Computer Self Administered Questionaires		S	= Standardabweichung
			U	= Umsatz
DB	= Deckungsbeitrag		V	= Varianz
DD	= Distributionsdichte		VDM	= Verband Deutscher Maschinen- und Anlagenbau
F&E	= Forschung und Entwicklung			
HDE	= Hauptgemeinschaft des Deutschen Einzelhandels		x	= Absatzmenge
			ZVEI	= Zentralverband der Elektrotechnischen Industrie
IHK	= Industrie- und Handelskammer			

Tabellen und Abbildungen

Tabellen   Seite

Tab. 1.1: Verkäufer- versus Käufermarkt 9
Tab. 2.1: Mögliches Leitbild am Beispiel einer Kaffeemarke 23
Tab. 3.1: Unterschiede zwischen Strategie und Taktik 31
Tab. 3.2: Beispiele kundenorientierter Grundaufträge 34
Tab. 4.1: Markenwirkung 70
Tab. 4.2: Marktparzellierungsstrategien 73
Tab. 4.3: Anforderungen an die Marktsegmentierung 75
Tab. 4.4: Segmentierung versus Massenmarketing 76
Tab. 5.1: Informationsquellen in der Marktforschung 91
Tab. 5.2: Interne und externe Informationsquellen 92
Tab. 5.3: Vor- und Nachteile der persönlichen Befragung 102
Tab. 5.4: Vor- und Nachteile von Gruppendiskussionen 104
Tab. 5.5: Vor- und Nachteile der schriftlichen Befragung 106
Tab. 5.6: Vor- und Nachteile der telefonischen Befragung 106
Tab. 5.7: Vor- und Nachteile computergestützter Befragungen 107
Tab. 5.8: Vergleich der Befragungsmethoden 109/110
Tab. 5.9: Eigenschaften von Daten 120
Tab. 5.10: Beispiel für Häufigkeitsverteilungen 120
Tab. 5.11: Beispiel einer Kreuztabelle 122
Tab. 5.12: Median einer Häufigkeitsverteilung 124
Tab. 5.13: Berechnung von Varianz und Standardabweichung 125
Tab. 6.1: Kreuztabelle des »Reifenhersteller«-Beispiels 142

Abbildungen

Abb. 1.1:	Kundenorientierter Unternehmensaufbau	13
Abb. 2.1:	Zielpyramide für ein Unternehmen	16
Abb. 2.2:	Wirkungskette beim Kauf	19
Abb. 2.3:	Polaritätenprofil	21
Abb. 3.1:	Ziel, Strategie und Taktik	30
Abb. 3.2:	Elemente strategischer Geschäftsfelder	35
Abb. 3.3:	Strategieplanung für ein Geschäftsfeld	38
Abb. 3.4:	4-Feld-Matrix der Boston Consulting Group	41
Abb. 3.5:	Chancen/Risiko-Matrix	44
Abb. 3.6:	Stärken/Schwächen-Checkliste	46
Abb. 3.7:	Empfehlungen auf Grund der Stärken/Schwächen-Analyse	47
Abb. 3.8:	Strategiealternativen anhand der 9-Feld-Matrix	49
Abb. 4.1:	Wachstumsmöglichkeiten anhand der Marktfeldstrategie	57
Abb. 4.2:	Bestimmungsgründe für den Umsatz	58
Abb. 4.3:	Ergänzungsmöglichkeiten für das Absatzprogramm	63
Abb. 4.4:	Abnehmendes Synergiepotenzial und zunehmendes Risiko bei den vier Marktfeldstrategien	66
Abb. 4.5:	Preis/Qualitäts-Strategien	68
Abb. 4.6:	Veränderungen der Preisschichten	72
Abb. 4.7:	Unterteilung der Marktareale	77
Abb. 4.8:	Der strategische Baukasten	80
Abb. 4.9:	Strategiepfade zweier Unternehmen	80
Abb. 5.1:	Quellen der Informationsgewinnung	96
Abb. 5.2:	Auswahlverfahren von Stichproben	99
Abb. 5.3:	Befragungsarten	101
Abb. 5.4:	Checkliste zur Vorbereitung eines Markttestes	116
Abb. 5.5:	Balkendiagramm einer absoluten Häufigkeitsverteilung	121
Abb. 5.6:	Kreisdiagramm einer prozentualen Häufigkeitsverteilung	121
Abb. 5.7:	Liniendiagramm einer kumulierten Häufigkeitsverteilung	121
Abb. 5.8:	Beispiel einer Kreuztabelle als Balkendiagramm	122
Abb. 6.1:	Ablauf von Marktforschungsstudien	136
Abb. 6.2:	Schritte zur Erstellung eines Fragebogens	140

Stichwortverzeichnis

A
Aktionspotenzial 69
Animationstechniken 104
Arrondierungsstrategie 60
Ausbaustrategie 49
Austrittsbarrieren 50
Auswahlverfahren 98
Ausweichstrategien 75
Auswertung 112

B
Balkendiagramm 121
Basic beliefs 34
Bedürfnisse 18
Befragung 101 ff.
Befragung, computergestützte 107 ff.
Befragung, persönliche 101 ff.
Befragung, schriftliche 105 f.
Befragung, telefonische 106
Befragungsarten 101
Bekanntheitsgrad 20
Beobachtung 112
Bewusste Auswahl 98
Blindtest 114

C
Cash cows 42, 48
CATI 108
Chancen/Risiko-Matrix 44
Clusteranalyse 126
Computergestützte Befragung 107 ff.
Computerlesbare Fragebögen 105
Conjoint Measurement 126 ff.
CRM 93

D
Data Mining 93
Datenanalyse 93, 119, 141
Datenauswertung 118
Datenerhebung 97 ff., 140
Deckungsbeitrag 17
Desk Research 94
Differenzierungsstrategie 67, 70 ff.
Distributionsdichte 21
Distributionsgrad 59
Diversifikation 64 ff.
Diversifikation, horizontale 64
Diversifikation, laterale 65
Diversifikation, vertikale 64

E
Economies of scale 40
Effektivität 14
Effizienz 14
Eigenforschung 93
Einfache Zufallsauswahl 99
Einkaufsverhalten 112
Einschaltquoten 113
Eintrittsbarrieren 50
Engpassfaktor 13
Erfahrungskurveneffekt 40
Erntestrategie 49
Experiment 114
Exploration 103
Externe Informationsbeschaffung 91 ff.

F
Feldbeobachtung 113
Feldinstitute 139
Fernsehforschung 113
Fertigung, kundenorientierte 10
Fixe Kosten 17
Fokusgruppe 103
Forschungsplan 138
Fragestellungen 111
Fremdforschung 93

G
Gain/Loss-Analyse 117
Genauigkeitsmaß 119
Geschäftseinheit, strategische 36
Geschäftsfelder, strategische 33, 35 ff.
Geschichtete Zufallsauswahl 99
Gestaltung der Befragung 110
Grundauftrag 38
Grundauftrag, unternehmerischer 33 ff.
Grundgesamtheit 97 f.
Grundnutzen 70
Gruppendiskussion 103

H
Handelspanel 117
Handhabungsverhalten 112
Häufigkeiten 120 ff.
Häufigkeitsverteilung 120
Horizontale Diversifikation 64

I
Identifizierbarer Test 114
Informationen 90
Informationsbeschaffung, externe 91 ff.
Informationsbeschaffung, interne 91 ff.
Informationsverhalten 112
Innovationsmanagement 62

Interne Informations-
  beschaffung 91 ff.
Interviewerschulung 141

K
Käufermarkt 9
Kaufhäufigkeit 59
Kernaufgaben des Marke-
  ting 8
Klumpenauswahl 100
Kosten, fixe 17
Kosten, variable 17
Kreisdiagramm 121
Kreuztabellierung 122
Kundenbedürfnisse 36
Kundenbindung 60
Kundendatenbank 92
Kundenorientierte Fertigung
  10
Kundenorientierung 8 ff.
Kundenzufriedenheit 19

L
Laborbeobachtung 113
Lageparameter 123 ff.
Laterale Diversifikation 65
Leitbildfunktion 13
Liniendiagramm 121

M
Markenpolitik 70
Market Stretching 61
Marketer 39
Marketing, Definition 11
Marketing, Kernaufgaben
  des 8
Marketingabteilung 14
Marketing-Leitbilder 22
Marketingmethoden 14
Marketingziele 16
Marketingziele, ökono-
  mische 18 ff.

Marketingziele, qualitative
  18 ff.
Marketingziele, quantitative
  17 ff.
Marktanteil 21
Marktarealstrategien 77 ff.
Marktausdehnung 77
Marktdurchdringung 57 ff.
Marktentwicklungsstrategie
  60 ff.
Marktfeldstrategien 57 ff.,
  66 f.
Marktforschung 88 ff.
Marktparzellierung 73 ff.
Marktsegmentierungsstrate-
  gien 74 ff.
Marktstimulation 67 ff.
Markttest 116
Massenmarktstrategien
  74
Median 123 f.
Mission 33
Mittelwert 123
Multiple Market Stretching
  61
Multivariate Verfahren
  126
Mystery shopping 20

N
Nachfassaktion 111
Neukunden 59
Nielsen Gebiet 77
Nutzenverhalten 112

O
Obsoleszens 59
Ökonomische Marketing-
  ziele 18 ff.
Outsourcing 64
Overconcentration 76
Oversegmentation 75

P
Panelforschung 116 ff.
Persönliche Befragung
  101 ff.
PIMS-Studie 40
Policy paper 11
Poor dogs 42, 48
Portfolio-Methode 39 ff.
Präferenzstrategie 70 ff.
Preis 58
Preis-Mengen-Strategie
  71 ff.
Preisschichten 72
Pretest 110, 140
Primärforschung 94 ff.
Produktlebenszyklus 39, 62
Produkt-Markt-Matrix 57
Produkttest 114
Produktverbesserungen 59

Q
Qualitative Marketingziele
  18 ff.
Quantitative Marketingziele
  17 ff.
Question marks 41, 48

R
Reaktionspotenzial 69
Rebriefing 138
Reliabel 90
Repräsentativität 98

S
Scanner 117
Schriftliche Befragung
  105 f.
Sekundärforschung 94 ff.
Social Marketing 11
Spannweite 124
Standardabweichung 124 f.
Stärken/Schwächen 45 f.

Stars 42, 48
Statistik 111
Strategie 30 ff.
Strategiebündel 79
Strategieformulierung 48
Strategiekombinationen 79 ff.
Strategische Geschäftseinheit 36
Strategische Geschäftsfelder 33, 35 ff.
SWOT-Analyse 39, 43 ff.
Synergieeffekte 65

T
Taktik 30 ff.
Telefonische Befragung 106
Test, identifizierbarer 114
Tracking-Forschung 116

U
Ubiquität 74
Umfeldbedingungen 43 ff.
Unternehmerischer Grundauftrag 33 ff.

V
Variable Kosten 17
Varianz 124 f.
Variationskoeffizient 125
Verbraucherpanel 17
Verfahren, multivariate 126
Verkäufermarkt 9
Verteilung 124
Vertikale Diversifikation 64
Vertikale Integration 37
Vision 11, 33

W
Wettbewerbsausrichtung 37

Wettbewerbserschwernisse 9
Wünsche 18

Z
Zählverfahren 113
Zeitreihenanalysen 116
Ziel 30 ff.
Zielbeziehungen 24
Zielformulierung 48
Zielgruppe 36
Zielinhalt 25
Zielkonkretisierung 25
Zielordnung 24
Zielspektrum 24
Zielsysteme 24
Zufallsauswahl 98
Zufallsauswahl, einfache 99
Zufallsauswahl, geschichtete 99
Zusatznutzen 70

Cornelsen Studien-Manuals Wirtschaft
herausgegeben von Prof. Werner Pepels, Gelsenkirchen

12 kompakte Bände zu Methoden- und Sozialkompetenzen, die das Studium optimieren und später im Beruf erwartet werden.

Werner Pepels
Studieneinführung Wirtschaft
Orientierung: Inhalte und Studienbetrieb
ISBN 3-464-49801-8

Hedwig Kellner
Vom Wirtschaftsstudium in die Praxis
Optimale Karriereplanung, ideenreiche Stellensuche
ISBN 3-464-49823-9

Katrin Hansen
Selbst- und Zeitmanagement im Wirtschaftsstudium
Effektiv planen, effizient arbeiten, Stress bewältigen
ISBN 3-464-49809-3

Ulrich Paetzel
Wissenschaftliches Arbeiten
Überblick über Arbeitstechnik und Studienmethodik
ISBN 3-464-49803-4

Thomas Stelzer-Rothe
Vortragen und Präsentieren im Wirtschaftsstudium
Professionell auftreten in Seminar und Praxis
ISBN 3-464-49811-5

Christian-Rainer Weisbach
Verhandeln und Moderieren für Wirtschaftsstudierende
Logisch argumentieren, psycho-logisch verhandeln
ISBN 3-464-49821-2

Thomas Jaspersen
Internetgebrauch im Wirtschaftsstudium
Effizient organisieren, sich systematisch informieren, selbst präsentieren
ISBN 3-464-49805-0

Manfred Kiesel/Roland Ulsamer
Interkulturelle Kompetenz für Wirtschaftsstudierende
Fakten, Charakteristika, Wege zum Erwerb
ISBN 3-464-49817-4

Gabriele Birker/Klaus Birker
Teamentwicklung und Konfliktmanagement
Effizienzsteigerung durch Kooperation
ISBN 3-464-49819-0

Ralf Mertens
Denk- und Lernmethoden
Gehirnjogging für Studierende
ISBN 3-464-49813-1

Georg Felser
Motivationsmethoden für Wirtschaftsstudierende
Sich selbst und andere motivieren
ISBN 3-464-49815-8

Torsten Czenskowsky/Bernd Rethmeier/Norbert Zdrowomyslaw
Praxissemester und Praktika im Studium
Qualifikation durch Berufserfahrung
ISBN 3-464-49807-7

Die Bände der Reihe sind im Buchhandel erhältlich.

Cornelsen Studien-Bausteine Wirtschaft

Bücher dieser Serie unterstützen Ihren guten Studienerfolg.
Knapp und prägnant, gut gegliedert, optisch übersichtlich und mit einer zweiten Druckfarbe aufbereitet, finden Sie das Wichtigste zum jeweiligen Thema.

Klaus Birker
Einführung in die Betriebswirtschaftslehre
Grundbegriffe, Denkweisen, Fachgebiete
224 Seiten. Zweifarbig. Kartoniert
(D) 12,90 €/(A) 13,30 €/23,20 sFr
ISBN 3-464-49501-9

Harald Danne/Tilo Keil
Wirtschaftsprivatrecht I
Bürgerliches Recht, Handelsrecht
240 Seiten. Zweifarbig. Kartoniert
(D) 12,90 €/(A) 13,30 €/23,20 sFr
ISBN 3-464-49505-1

Harald Danne/Tilo Keil
Wirtschaftsprivatrecht II
Arbeitsrecht, Gesellschaftsrecht, Wettbewerbsrecht
192 Seiten. Zweifarbig. Kartoniert
(D) 12,90 €/(A) 13,30 €/23,20 sFr
ISBN 3-464-49507-8

Gerd Uhe
Strategisches Marketing
Vom Ziel zur Strategie
176 Seiten. Zweifarbig. Kartoniert
(D) 12,90 €/(A) 13,30 €/23,20 sFr
ISBN 3-464-49503-5

Burkhard Erke
Grundlagen der modernen Makroökonomik
Bestimmungsgründe gesamtwirtschaftlicher Größen
184 Seiten. Zweifarbig. Kartoniert
(D) 12,90 €/(A) 13,30 €/23,20 sFr
ISBN 3-464-49521-3

Ralf Berning
Grundlagen der Produktion
Produktionsplanung und Beschaffungsmanagement
192 Seiten. Zweifarbig. Kartoniert
(D) 12,90 €/(A) 13,30 €/23,20 sFr
ISBN 3-464-49513-2

Ralf Berning
Prozessmanagement und Logistik
Gestaltung der Wertschöpfung
ca. 176 Seiten. Zweifarbig. Kartoniert
(D) 12,90 €/(A) 13,30 €/23,20 sFr
ISBN 3-464-49511-6

Günter Lohse
Allgemeine Steuerlehre, Steuern auf Umsatz und Gewerbeertrag
184 Seiten. Zweifarbig. Kartoniert
(D) 12,90 €/(A) 13,30 €/23,20 sFr
ISBN 3-464-49517-5

Günter Lohse
Steuern auf Einkommen und Erbschaft
184 Seiten. Zweifarbig. Kartoniert
(D) 12,90 €/(A) 13,30 €/23,20 sFr
ISBN 3-464-49519-1

Erhältlich im Buchhandel.
Infos zur Reihe »studium kompakt«:
Cornelsen Verlag • 14328 Berlin
www.cornelsen.de